Ostseeküste

Mecklenburg-Vorpommern

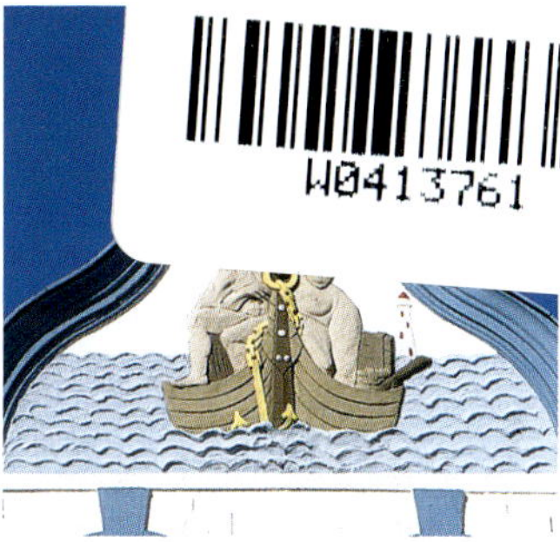

Anne-Kristine Kunde
Ralf Roland

DUMONT direkt

Inhalt

Willkommen

Zu Gast an der Ostsee

Orte von A bis Z

Ein Badeparadies: die Schaabe auf Rügen

12 Highlights

Extra-Touren

Stadtpläne

20 Reisetipps Ostseeküste

Die Ostseeküste im Internet

Surftipps

Wie überall im deutschsprachigen Raum: Allgemeine und spezielle Informationen stehen reichlich bereit, alle Ferienorte der Ostseeküste Mecklenburg-Vorpommerns präsentieren sich ausführlich. Hier und dort lässt die Aktualisierung jedoch manchmal noch etwas zu wünschen übrig.

Allgemeine Informationen

www.auf-nach-mv.de Eine bedienerfreundliche Navigation zeichnet die Website des Tourismusverbandes Mecklenburg-Vorpommern aus. Zu finden ist hier auch ein umfangreicher Veranstaltungskalender für die gesamte Region.

www.m-v.de Fast alles, was man über das Land Mecklenburg-Vorpommern wissen möchte, von der Geschichte über den Landtag und die Parteien bis zu Verkehrsverbindungen und Museen, ist auf diesen Internet-Seiten zu finden.

www.mecklenburgische-ostsee-baeder.m-vp.de Der Reginalverband stellt die Ostseebäder Mecklenburgs von Boltenhagen im Westen bis Graal-Müritz im Osten vor.

www.darss.net Ausführliche Informationen über die Halbinselkette Fischland-Darß-Zingst, ein Link führt zu den Busverbindungen in Nordvorpommern, ein anderer zu den Schiffsverbindungen.

www.ruegen.de Diese Website dürfte alle Fragen zu Deutschlands größter Insel beantworten, auch zum Familienurlaub und zum Radeln.

www.usedom.de Offizielle Homepage der Insel Usedom u. a. mit einem Insel-ABC, Wellnessangeboten und dem Veranstaltungsplan.

Zimmerbuchungen

www.reiseland-mv.de Der Touristische Buchungsservice, ein Unternehmen des Landestourismusverbandes, nimmt verbindliche Buchungen vor, u. a. für Hotels, Tickets, Fähren.

Kultur

www.schwedenstrasse.de Die 700 km lange kulturhistorische Route verbindet Orte, die in der Geschichte auf unterschiedliche Weise von den Schweden geprägt wurden.

Natur

www.nationalpark-vorpommersche-boddenlandschaft.de Allgemeine Informationen zum größten Nationalpark des Bundeslandes, kurze Darstellung der Landschaftsgeschichte und Beschreibung der im Nationalparkbereich vorkommenden Lebensräume, Überblick über die wichtigsten Tier- und Pflanzenarten, Informationen über den Naturschutz, Verhaltensregeln im Nationalpark, darüber hinaus enthält die Site einen Veranstaltungskalender.

Badewasserqualität

www.sozial-mv.de Die Badewasserkarte des Sozialministeriums informiert über die Wasserqualität der Ostsee und der Binnenseen. Die Karte, über einen Link zu erreichen, ist in der Übersicht sehr kompakt, benötigt deshalb eine etwas längere Ladezeit als üblich.

Wetter

www.mvwetter.de Urlauber können hier das Wetter für den Tag und die beiden folgenden, das Biowetter, Unwetterwarnungen und Hinweise für Wassersportler abfragen.

Willko

Sandstrand und Meeresbrandung, Kreidefelsen, Sanddornhecken und Heide. Generationen von Menschen hat die buchtenreiche Landschaft zwischen Boltenhagen an der Lübecker Bucht und Ahlbeck auf Usedom fasziniert, kein anderer Landstrich an der Ostseeküste zog in den letzten beiden Jahrhunderten mehr Literaten und Künstler in seinen Bann. Denn die Küste von

mmen

Mecklenburg-Vorpommern ist nicht nur Naturkleinod, sondern eine uralte Kulturregion. Der deutsch-amerikanische Maler Lyonel Feininger wanderte fast drei Dutzend Sommer mit seinem Skizzenblock an der Ostseeküste entlang. 1951 schwärmte er in den USA: »Ich zehre noch jetzt an den Erlebnissen, die ich dort hatte. Hier gibt es nichts, was damit zu vergleichen wäre.«

Willkommen

Typisch für Mecklenburg-Vorpommern: wunderschöne Alleen

Eine Urlaubsregion mit dem Charme vergangener Tage

Mecklenburgs Großherzog Friedrich Franz I. gründete im Jahr 1793 am Heiligen Damm bei Doberan Deutschlands erstes Seebad, sein Leibarzt Dr. Vogel hatte ihm dazu geraten. Bei Kränklichkeiten, meinte der Rostocker Mediziner, tue das Baden im Meer gut – so wurde in dieser Region das Baden in der Ostsee ›erfunden‹. Als später Straßen und Eisenbahnstrecken entstanden und die Anreise bequemer wurde, wandelten sich gottverlassene Fischerdörfer zu eleganten Seebädern. Badekuren und Strandurlaub kamen rasch in Mode, zumindest bei denjenigen, die es sich finanziell leisten konnten. In Heiligendamm, in Binz auf der Insel Rügen und im Usedomer Heringsdorf gab sich die Crème de la Crème Sommer für Sommer ein Stelldichein.

In den Ostseebädern von ›Meckpom‹, wie das Bundesland auf die Schnelle genannt wird, ist oft noch vorhanden, was westlich davon bereits vor Jahrzehnten der Abrissbirne zum Opfer fiel. Schlanke Türmchen, antik gestaltete Säulen, filigrane Holzveranden und fantasievolle Dachaufbauten schmücken die wilhelminischen Hotels und Pensionen. In Kühlungsborn ebenso wie in Binz und Göhren, in Ahlbeck und Heringsdorf stehen neogotische Villen neben pseudogriechischen Villen und Jugendstilpensionen. Kein Haus gleicht dem anderen, als Bäderarchitektur wird dieser einzigartige ›Architekturzirkus‹ bezeichnet. In den Jahren nach der Einheit Deutschlands rollte eine Restaurierungswelle durch die Seebäder, die Strandhäuser und Villen erstrahlen seitdem wieder im alten Glanz, innen bieten sie den Komfort unserer Tage.

Aber auch die Hansestädte haben sich herausgeputzt. Wismar und Stralsund wurden zu Besuchermagneten, nachdem die Unesco die Altstadtkerne mit den zahlreichen gotischen Backsteinbauten zum Weltkulturerbe erklärt hat. Den Charme der Vergangenheit verbreiten auch der ›Molli‹ zwischen Bad Doberan und Kühlungsborn sowie der ›Rasende Roland‹ auf Rügen, zwei Schmalspurbahnen mit Dampflokomotiven. Wie zu Großmutters Zeiten schnaufen sie tagtäglich in Richtung Ostseestrand; auf den Bahnhöfen drängen sich die Touristen, ausgerüstet mit Videokamera und Fotoapparat, um diese Bilder vom Gestern im Heute festzuhalten.

Sehen und gesehen werden

Zu Flaniermeilen wurden die Promenaden und die Seebrücken. Sehen und gesehen werden! Die ersten Brücken waren Ende des 19. Jh. auf den Inseln Use-

Ostseebad Binz (Rügen): Herrliche Strände und noble Unterkünfte

dom und Rügen als Schiffsanleger entstanden, als die Gäste noch auf dem Wasserweg in die Badeorte gebracht werden mussten. Später wurden die Landungsstege zu Prestigeobjekten, pfiffige Geschäftsleute bebauten sie mit Restaurants und Läden. In den 40er Jahren des 20. Jh. traf es die meisten der hölzernen Bauwerke arg, meterhoch aufgetürmte Eisschollen ruinierten sie. Nach der Einheit, als Fördermittel zum Wiederaufbau flossen, entstanden die Seebrücken neu.

Heute besitzt fast jedes Ostseebad in Mecklenburg-Vorpommern eine solche Flanierstätte, 19 sind es insgesamt: Boltenhagen hat die westlichste, Kühlungsborn die erste neu errichtete (1991), Heringsdorf die längste (508 m), Sellin auf Rügen und Ahlbeck auf Usedom haben die schönsten. Die Ahlbecker Brücke mit dem pittoresken türmchenbekrönten Gaststättengebäude ist die einzige historische. In den 1998 in Sellin eingeweihten Brückenaufbauten erwarten ein lichtdurchfluteter Palmengarten und der an die 20er Jahre des 20. Jh. erinnernde Kaiserpavillon die Gäste.

Badeparadiese

Von Klützer Winkel im Westen bis zur Insel Usedom im Osten zieht sich wie ein schmales Band der feine weiße Sandstrand entlang, hier und dort von Steilküsten unterbrochen, auf Rügen von den berühmten Kreidefelsen. Viele der Seebäder haben ihren guten Ruf wiedererlangt, den sie bis zum Zweiten Weltkrieg hatten, Warnemünde und Kühlungsborn zum Beispiel oder Binz und Heringsdorf. Vor allem diese beiden Orte haben sich in den letzten Jahren zu noblen Urlaubsparadiesen gemausert, die ihren Gästen auch jenseits aller Badefreuen vielfältige Abwechslungen bieten.

Unlängst ist ein Urlaubsort – wieder– dazugekommen, der all die anderen in den Schatten stellen möchte: Heiligendamm, das erste Seebad Deutschlands, wurde im Sommer 2003 wieder eröffnet. Zu DDR-Zeiten dienten die Häuser, in denen Jahrzehnte Kaiser und Könige, Großindustrielle und Bankiers logierten, als Sanatorium, als Wohnung oder als Unterkunft für Studenten, nach der Einheit standen die prachtvollen Häuser jahrelang leer und verkamen. Nun aber wurde Heiligendamm, wegen seiner weißen klassizistischen Bauwerke auch ›Die weiße Stadt am Meer‹ genannt, wiederbelebt mit dem Grand Hotel Kempinski, dem Hotel der Superlative an der gesamten deutschen Küste. Heiligendamm ist dabei, wieder das zu werden, was es einst war: das Seebad der Reichen und Schönen.

Monumentale Backsteinbauten

Die Seebäder schmücken sich mit dem Weiß der Villen und Hotels, die Hansestädte mit dem Ziegelrot der ›gebackenen‹ Steine, dem Backstein. Kirchen und Rathäuser, Stadttore und Kaufmannshäuser sind Symbole für Bürgerstolz, für Reichtum und Macht zur Hansezeit. Als Krönung der Backsteingotik gelten das monumentale Münster in Bad Doberan, ein Meisterwerk an Größe und Harmonie, sowie die Backsteinkirchen in den Hansestädten. Vom Kloster Eldena bei Greifswald blieb nur eine Ruine stehen, die der Romantiker Caspar David Friedrich mit seinen Bildern der Vergessenheit entrissen hat.

In den meisten Kirchen fasziniert die Ausstattung, die üppigste und qualitätsvollste von allen Kirchen in Norddeutschland besitzt die Nikolaikirche in Stralsund. Zu den Kostbarkeiten zählen die um 1290 entstandene 2,25 m hohe Anna Selbdritt, die Renaissancekanzel aus Sandstein, Marmor und Alabaster von 1611 sowie der 1708 vollendete barocke Hauptaltar. In der Rostocker Marienkirche ist das die mehr als 500 Jahre alte Astronomische Uhr, die beim 12-Uhr-Schlagen einen Apostelumgang zeigt und deren Kalendarium bis zum Jahr 2017 reicht.

Zu unberührten Regionen

Unter dem Blätterdach alter Alleen und auf holprigem Kopfsteinpflaster werden ursprüngliche Ecken erreicht, urige Dörfer mit vermoosten Häuschen, Blumenbeeten, gackernden Hühnern und den typischen Herrenhäusern, die oftmals so prachtvoll sind, dass sie als Schloss bezeichnet werden. Bothmer, Gelbensande, Ralswiek und Spyker sind einige davon. Sandige Wege führen bei Nienhagen durch den ›Gespensterwald‹, auf der Halbinselkette Fischland-Darß-Zingst durch den Urwald und auf Rügen über die Zickerschen Berge. Hier, im Nordosten Deutschlands, gibt es sie noch, die unberührten Paradiese mit Windflüchtern (vom Sturm zerzausten Kiefern), Seeadlern und Schwarzstörchen, mit Hünengräbern (Großsteingräbern der Steinzeit) und gewaltigen Findlingen (Felsbrocken der Eiszeit). Damit diese Urwüchsigkeit erhalten bleibt, bekamen große Landesteile den höchsten Schutzstatus, sie wurden Nationalpark oder, wie die südöstlichste Ecke Rügens, Biosphärenreservat.

Beschauliche Inselwelten

Unzählige Inseln, große und kleine, hat die Natur vor die Küste gelegt. Vilm, Ruden und Greifswalder Oie dürfen dem Naturschutz zuliebe täglich nur wenige Touristen betreten, andere sind völlig gesperrt. Sie sind für die Vogelwelt reserviert. Touristenmagnet dagegen wurde Rügen, Deutschlands größte Insel. Mit Usedom, der zweitgrößten, wird es wohl ewig Händel geben, wer von den beiden sich als die schönste bezeichnen darf. Ein Idyll bis in unsere Tage blieb Hiddensee: keine Privatautos, keine Promenade, kein Nachtleben – ›sötes Länneken‹ (süßes Ländchen) nennen die Einheimischen ihre Insel. Von einem »der lieblichsten Eilande« sprach Nobelpreisträger Gerhart Hauptmann, der ›König von Hiddensee‹, wie ihn die Frau von Thomas Mann bezeichnete. 1885 kam der Dichter zum ersten Mal auf die Insel, 1946 trugen ihn Fischer zu seiner letzten Ruhestätte hinter der Kirche von Kloster. Sein Haus Seedorn wurde zum kulturellen Zentrum Hiddensees.

Beschaulich zu geht es auch noch auf der Insel Poel, der drittgrößten Insel Mecklenburg-Vorpommerns, mit flachen Feldern, Wiesen und stillen Stränden und auf der Halbinselkette Fischland-Darß-Zingst mit rohrgedeckten Häusern und Zehntausenden von Kranichen im Herbst.

›Land der Wiederkehr‹

Wer Ruhe haben möchte, der meidet die hektischen Sommerferienwochen, in denen die Strandkörbe schon am frühen Morgen ausgebucht sind, der fährt im Frühjahr oder im Herbst an die See oder im Winter, wenn Eis und Schnee die Seebrücken und die Buhnen verhüllen und die Kellner und Köche sich besonders aufmerksam den Gästen widmen können.

Überall, ob in den Hansestädten, auf dem Darß oder auf Usedom, begegnen einem gastfreundliche Menschen. Auf den ersten Blick wirken sie manchmal unwirsch, denn sie machen nicht viele Worte und geben sich zurückhaltend. Die rauhe Natur hat auch die Menschen Mecklenburgs und Vorpommerns geprägt. Ist aber der Kontakt hergestellt, hat man gute und zuverlässige Freunde an seiner Seite.

Irgendwann heißt es Abschied nehmen von dieser reizvollen Landschaft. Die einen steigen auf den Kirchturm von Wustrow oder einen der Leuchttürme von Kap Arkona und lassen den Blick zum letzten Mal über Wiesen und Wälder hinaus aufs weite Meer schweifen. Andere schlendern am Strand entlang, lauschen der Brandung des Meeres und stecken sich Feuersteine, Muscheln und – mit etwas Glück – auch Bernstein in die Taschen. Erinnerungsstücke an erlebnisreiche Tage, Erinnerung zu Hause auch an das Versprechen, das wohl jeder beim Abschied gibt: recht bald an die Ostseeküste von ›Meckpom‹ zurückzukommen.

Die Küstenregion in Zahlen

Fläche und Küste: Die Küste von Mecklenburg-Vorpommern, das nordöstlichste Feriengebiet Deutschlands, hat eine Länge von 1712 km, davon sind 1358 km Bodden- und Haffküste. Die Außenküste hat eine Länge von 354 km, davon sind 226 km Flach- und 128 km Steilküste.

Naturraum: Um die teilweise noch unberührte Natur zu erhalten, wurden große Teile zu Schutzgebieten erklärt. Es gibt die Nationalparke Vorpommersche Boddenlandschaft und Jasmund, das Biosphärenreservat Südost-Rügen sowie den Naturpark Usedom. Die höchste Erhebung ist mit 161 m der Piekberg auf Rügen.

Bevölkerung: Mit 1,8 Mio. Einwohnern ist Mecklenburg-Vorpommern das am dünnsten besiedelte deutsche Bundesland, auf einen Quadratkilometer kommen 77 Menschen. Die größte und bedeutendste Stadt ist Rostock (205 000 Ew.), mit großem Abstand folgen Stralsund (61 000 Ew.), Greifswald (55 000 Ew.) und Wismar (47 000 Ew.).

Wirtschaft und Tourismus: Die Arbeitslosigkeit gehört zu den höchsten im Bundesgebiet. Ein wichtiger wirtschaftlicher Faktor ist der Tourismus, sein Anteil am Bruttoinlandsprodukt beträgt mehr als 10 %. Jeder sechste Arbeitsplatz ist direkt oder indirekt mit dem Tourismus verbunden.

Geschichte

Viele Häuser an der Küste wurden im Stil der Bäderarchitekur errichtet

Um 500	Germanische Stämme verlassen im Zuge der Völkerwanderung die Küste, etwa 100 Jahre später besiedeln Slawen das Land.
1293	Wismar, Rostock, Stralsund, Greifswald sowie Lübeck schließen ein Handelsbündnis, das als Vorläufer der Städtehanse gilt.
1370	Mit einem im Stralsunder Rathaus unterzeichneten Vertrag beendet die Hanse die dänische Vorherrschaft im Ostseeraum.
1419	Die Universität in Rostock wird gegründet.
1648	Im Westfälischen Frieden am Ende des Dreißigjährigen Krieges erhält Schweden Wismar mit der Insel Poel sowie Vorpommern mit Stralsund und Rügen.
1669	Rostock nimmt als einzige Stadt von Mecklenburg und Vorpommern am letzten Hansetag teil.
1793	Am Heiligen Damm bei Doberan wird das erste Seebad Deutschlands gegründet.
1806	Schwedens König Gustav IV. Adolf hebt die Leibeigenschaft in Schwedisch-Pommern auf.
1815	Der Wiener Kongress beschließt: Nordvorpommern kommt zu Preußen.
1872	Am Strand von Hiddensee werden die ersten Teile des Hiddenseer Goldschmucks gefunden.
1936	Die Nazis beginnen in Peenemünde auf Usedom mit dem Aufbau der seinerzeit modernsten Raketenforschungsanlage der Welt. Sechs Jahre später wird die erste automatische Flüssigkeitsgroßrakete A 4 (später V 2) erfolgreich gestartet.

1944	Alliierte Bombenangriffe richten in den Innenstädten von Wismar, Rostock und Stralsund schwere Zerstörungen an.
1945	Vorpommern kommt am Ende des Zweiten Weltkrieges zu Mecklenburg, die Odermündung mit Stettin und Swinemünde zu Polen.
1952	Das Bundesland Mecklenburg (bis 1947 Mecklenburg-Vorpommern) wird im Rahmen einer Verwaltungsreform aufgelöst. Die Küstenregion gehört von nun an zum Bezirk Rostock.
1953	Unter fadenscheinigen Begründungen werden entlang der Küste Hotel- und Pensionsbesitzer enteignet, ›Aktion Rose‹ wird der geheime Coup genannt.
1990	Die DDR-Regierung beschließt kurz vor dem Anschluss an die Bundesrepublik die Gründung der Nationalparke Vorpommersche Boddenlandschaft und Jasmund sowie des Biosphärenreservats Südost-Rügen.
1991	In Kühlungsborn wird der erste Seebrückenneubau Mecklenburg-Vorpommerns nach dem Zweiten Weltkrieg eingeweiht.
1995	In Heringsdorf (Usedom) wird mit 508 m die längste bewirtschaftete Seebrücke Kontinentaleuropas fertig gestellt. Die Ostseeküste wird Anfang November von einer schweren Sturmflut heimgesucht. Die Folge: Landabbrüche bis zu 10 m.
1997	Die Vineta-Festspiele, ein Theaterspektakel aus Schauspiel, Tanz und Laser, finden erstmals in Zinnowitz auf Usedom statt.
2000	Die Insel Usedom wird nach mehr als fünf Jahrzehnten wieder an das Bahnnetz des Festlands angeschlossen.
2002	Die Altsstädte von Wismar und Stralsund werden von der Unesco in die Welterbeliste aufgenommen.
2003	Rostock richtet die Internationale Gartenbauaussstellung (iga) aus, die nur alle zehn Jahre stattfindet. Nach jahrelangem Leerstand und Verfall öffnet das Kempinski Grand Hotel, Heiligendamm soll eines der exklusivsten Seebäder Europas werden.
2005	Die Ostseeküstenautobahn A 20, die von Lübeck bis zur A 11 im Nordosten Brandenburgs führt, wird nach 14-jähriger Bauzeit fertig gestellt.

Gut zu wissen

Schön, aber gefährlich: Nie zu nah an Steilufer herantreten!

Baden

Leichtsinn kostet jährlich immer wieder Menschenleben! Die Warnbälle an den Stationen der Deutschen Lebens-Rettungs-Gesellschaft (DLRG) sollten unbedingt beachtet werden: Leider sind sie entlang der Küste nicht einheitlich. Absolutes Badeverbot können zwei oder ein hochgezogener roter Ball signalisieren. Seit Sommer 2002 sollen anstatt der Korbbälle die neuen internationalen Warnzeichen benutzt werden: Eine gelbe Flagge bedeutet Badeverbot für Kinder und Nichtschwimmer, eine rote Flagge verbietet es völlig.

Die bewachten Badebereiche in den Seebädern sind durch Bojen markiert. Seebrücken oder große, im Wasser liegende Findlinge sollten gemieden werden, weil sich dort häufig gefährliche Strudel bilden. Ablandige Winde treiben Luftmatratzen rasch und meist unbemerkt auf die See und oft bereitet es Probleme, wieder an Land zu kommen.

Bernstein

Braunes abgeschliffenes Glas oder gelbe Kieselsteine sehen dem Bernstein oft verblüffend ähnlich. Ob wirklich echter Bernstein verkauft wird, lässt sich rasch mit zwei einfachen Proben feststellen. Wird Bernstein an einem Kleidungsstück gerieben, bleiben anschließend Papierschnitzel an ihm haften, weil er sich elektrostatisch auflädt. In einem Glas Wasser mit zwei Teelöffel Kochsalz schwimmt Bernstein, da seine Dichte geringer als die des Wassers ist.

Diebstahl

Wenn aus Strandkörben oder Sandburgen etwas verschwindet, interessiert das die Versicherungen herzlich wenig. Die Sachen sollten deshalb stets im Auge behalten werden. Auch in ruhigen Fischerdörfern schließen die Einheimischen mittlerweile ihre Fahrräder ab und die Haustüren zu.

Dünen

Sturmfluten richten in regelmäßigen Abständen schwere Schäden an. Die Dünen gehören wie Buhnen, Steinwälle und der Küstenwald zum Schutzsystem, es sind durch Wind angehäufte oder künstlich aufgespülte Sandablagerungen, die der wetterharte Strandhafer festigt. Sie dürfen nur auf gekennzeichneten Wegen überquert werden. Der Abstand von Sandburgen zum Dünenfuß muss mindestens 2 m betragen.

Fischwilderei

Wer angeln möchte, benötigt eine Angelerlaubnis. Besitzt er die nicht, begeht er Fischwilderei, die nach § 293 des Strafgesetzbuches geahndet wird. Fehlt der Fischereischein, der seit 2005 in

Mecklenburg-Vorpommern für Touristen problemlos zu haben ist, wird das als Ordnungswidrigkeit geahndet. Kontrollen finden regelmäßig statt, an Land und auch auf der See und den Boddengewässern. Die Fischmeister besitzen polizeiliche Befugnisse und dürfen Bußgelder verhängen. Ihnen sind die Dokumente, die Fanggeräte und die geangelten Fische auf Verlangen zu zeigen. Für bestimmte Fische bestehen Schonzeiten und Fangbegrenzungen, wer die missachtet, bekommt ebenfalls mit den Fischmeistern Ärger.

Grüne Tunnel

Typisch für Mecklenburg-Vorpommern sind die Alleen, die mit ihrem häufigen Hell-Dunkel-Wechsel manchem Autofahrer Schwierigkeiten bereiten. Deshalb sollte dort, wo die Bäume dicht am Fahrbahnrand stehen, unter 80 km/h gefahren werden. Häufig haben die Alleen unbefestigte weiche Bankette, auf die man nicht mit den Rädern geraten sollte. Bei Nässe empfiehlt es sich das Gas wegzunehmen, denn nach Regen tropft's noch stundenlang von den Bäumen. Angebracht ist es auch, das Licht anzuschalten, um besser erkannt zu werden.

Hunde

Fast alle Orte haben markierte Hundestrände eingerichtet, nur dorthin dürfen die Vierbeiner mitgenommen werden. In den Naturschutzgebieten sind Hunde unbedingt anzuleinen. ›Kleine Hunde erlaubt‹ steht in vielen Hotelprospekten, wie weit dieses ›klein‹ geht, sollte vorher telefonisch erfragt werden. In Restaurants werden Hunde nur selten geduldet.

Kurtaxe

In den Seebädern wird Kurtaxe erhoben, die meist beim Anmelden in der Unterkunft kassiert wird. In der Saison sind es maximal 2,50 € pro Tag, Kinder zahlen die Hälfte. Die Kurkarte wird meist auch in anderen Orten anerkannt, so im Bereich der Ostseebäder Mecklenburgs, auf Rügen und auf Usedom. Tagesbesucher der Insel Hiddensee haben eine Kurabgabe zusammen mit dem Fährpreis zu entrichten, sie beträgt von Mai bis September 1,50 €, Oktober bis April 1 €.

Mücken

Die kleinen Biester sind unberechenbar. Deshalb sicherheitshalber ein Schutzmittel einpacken. Typische Mückenregionen sind an der Küste jedoch nicht vorhanden.

Lesetipps für den Ostsee-Urlaub

Ein deutsch-deutscher Roman ist Gabriela Jaskulias **›Ostseeliebe‹**, der eine leidenschaftliche Liebesgeschichte erzählt, die auf einer Ostseeinsel angesiedelt ist.
In **›Das Kunststück Ahrenshoop‹** sind die Autorinnen Gerlinde Creutzburg, Annett Gröschner und Inga Rensch der Frage nachgegangen, wie das Fischerdorf zum Worpswede des Ostens wurde. Essays, Porträts, Gespräche, Anekdoten und viele andere Beiträge haben sie zusammengetragen.
Auf unterhaltsame, feuilletonistische Weise geht es in **›Seefahrerland Mecklenburg-Vorpommern‹** von Dieter Flohr (Text) und René Legrand (Fotos) um Geschichten und Geschichte des Schiffbaus, der Schifffahrt und des Handels über See.

Naturschutz

Große Küstenteile gehören zu den Nationalparken Vorpommersche Boddenlandschaft oder Jasmund, zum Biosphärenreservat Südost-Rügen und zum Nationalpark Usedom. Hier ist der Mensch Gast der Natur, Lärmen ist ebenso verboten wie das Pflücken von Pflanzen oder Beeren. In den Kernzonen der Nationalparke dürfen die Wege nicht verlassen werden. Naturparkranger achten darauf, dass die Schutzvorschriften eingehalten werden. Einige kleine Inseln, so Langenwerder vor Poel und Heuwiese vor Ummanz, sind Vogelschutzgebiete und dürfen nicht betreten werden.

Parken

In Strandnähe sind nur wenige Parkmöglichkeiten vorhanden. Die Autos müssen deshalb meist auf entlegenen Plätzen abgestellt werden. Gut beraten ist, wer bei Ausflügen in ein Seebad öffentliche Verkehrsmittel nutzt. Die Politessen verteilen gnadenlos ihre Strafzettel! Auch sollte man sein Auto keinesfalls auf einen Hotelparkplatz abstellen, wenn man nicht in dem Haus wohnt. Die Abschleppdienste werden rasch gerufen. In den letzten Jahren sind Parkhäuser entstanden, so in Warnemünde, Bansin, Binz und Heringsdorf. Doch an warmen Tagen leuchtet dort bereits in den frühen Morgenstunden das Schild ›Besetzt‹ auf.

Preisniveau

Das Preisniveau an der Ostseeküste Mecklenburg-Vorpommerns ist das höchste in den neuen Bundesländern. Vor allem in den renommierten Seebädern der Inseln Rügen und Usedom sind die Übernachtungs- und Restaurantpreise in der Hochsaison sowie zu Weihnachten und Neujahr beachtlich.

Reisezeit & Klima

Wenn die einwohnerstärksten Bundesländer Schulferien haben, dann drängen sich die Gäste in den Ostseebädern. ›Keine Zimmer frei‹ ist dann so gut wie an allen Hotels und Pensionen zu lesen. Aber auch Ostern, Pfingsten und Silvester sollte ohne vorherige Quartierbuchung nicht angereist werden. Wer Ruhe mag, sich erholen und entspannen möchte, der schätzt das Frühjahr und den Herbst, wenn oft stundenlang am Strand entlang gewandert oder durch Felder und Wälder und entlang der Boddengewässer geradelt werden kann, ohne dass einem jemand begegnet. Immer beliebter werden Aufenthalte in den Wintermonaten.

Die Küstenregion hat ihre eigenen Gesetze, und deshalb sollte dem Wetterbericht manchmal misstraut werden. Im Sommer beispielsweise, wenn das Hinterland vor Hitze stöhnt, ist die Temperatur in den Badeorten angenehm, weil sich der warme Wind über dem Wasser abkühlt. Meist weht am Meer eine frische Brise, wer sich schützen möchte, nimmt einen Windschutz mit an den Strand oder mietet sich einen Strandkorb. Die Ostseeküste von Mecklenburg-Vorpommern gehört zu den sonnenreichsten Regionen in Deutschland: Auf Usedom scheint die Sonne im Durchschnitt 1906 Stunden im Jahr, auf Kap Arkona im Norden Rügens 1825 Stunden.

Ruhe

Wer sich in der Sommersaison im Zentrum eines Badeortes einquartiert, sollte Lärmschutzstöpsel nicht vergessen. Bis spät in den Abend hinein geht es lebhaft zu, es wird gesungen und musiziert, ein Fest löst das andere ab. An warmen Tagen wird bis in die Nachtstunden auf den Promenaden und Seebrücken promeniert, man sitzt lange in fröhlicher Runde auf den Terrassen, was den ruheliebenden Gast stört. Der sollte sich deshalb in dieser Jahreszeit in kleinen Orten einquartieren und sich vorsichtshalber erkundigen, ob sich unter seinem Zimmer ein Restaurant befindet.

Sonntagsshopping

In den Ferienorten und den Zentren der großen Städte ist Shopping auch an Sonn- und Feiertagen möglich. Das gestattet die Bäderregelung, die es den Geschäften von Februar bis November erlaubt, sonn- und feiertags von 12 bis 18.30 Uhr zu öffnen. Ausgenommen sind der Karfreitag, Ostersonntag, Ostermontag, Christi Himmelfahrt, Pfingstsonntag, Pfingstmontag, Reformationstag, Volkstrauertag und Totensonntag. Am 1. Mai darf nur geöffnet werden, wenn der Geschäftsinhaber den Verkauf persönlich durchführt.

Spartipps & Ermäßigungen

Es lohnt sich fast immer, sich nach ermäßigten Preisen zu erkundigen: Bei der Kurabgabe und beim Eintritt in Museen zahlen Kinder, Rentner, Sozialhilfeempfänger und andere fast immer weniger, für Schiffsreisen und Museumsbesuche werden oft Familientickets angeboten. Beim Vorzeigen der Kurkarte werden vielfach ermäßigte Eintrittspreise gewährt. Wer bei den Übernachtungskosten sparen möchte, quartiert sich in einem Hotel oder einer Pension im Hinterland ein, sie sind erheblich billiger als die Unterkünfte in den Seebädern.

Steilküste

Nicht zu dicht an das Steilufer herantreten, denn die Absturzgefahr ist groß. Sturm, Regen und Eis unterhöhlen unaufhörlich das Kliff, auch am Strand sollte Abstand gehalten werden. Rutsch- und Kletterpartien sind untersagt.

Souvenirs von der Ostseeküste

In nahezu jedem Urlaubsort der Ostseeküste ist Bernstein im Angebot. Das ›Gold des Nordens‹ wird zu Ketten, Ringen und Anhängern verarbeitet. Wer tiefer in die Geldbörse greifen möchte, kauft nachgebildete Teile des Hiddenseer Goldschmucks, den einige Goldschmiede auf Rügen anbieten. Vielerorts sind auch schöne Keramiken regionaler Künstler zu haben. Ein weiteres typisches Souvenir der Küste ist das Buddelschiff (ein maßstabsgerechtes Schiffsmodell in einer Glasflasche, an der Küste ›Buddel‹ genannt).

Sonnenbaden

Durch die frische Meeresbrise am Strand wird die Wärme der Sonnenstrahlen oft nicht empfunden. Ein Sonnenbrand ist die logische Konsequenz. Wer sich den Urlaub damit nicht vermiesen möchte, vergisst Sonnenschutzmittel nicht und steigert die Dauer der Sonnenbäder schrittweise.

Zeitungen

An der Küste wird die ›Ostseezeitung‹ gelesen, die von Montag bis Samstag erscheint, im östlichen Teil mit Usedom auch der ›Nordkurier‹. Viermal im Jahr erscheinen die Hochglanzmagazine ›Ostsee exklusiv – von Boltenhagen bis Zingst‹, ›Usedom-Wollin exklusiv‹ sowie zweimal im Jahr ›Rügen best of‹ und viermal jährlich ›Vorpommern aktuell‹.

Feste & Unterhaltung

Dramatisch geht's zu bei den Vineta-Spielen

Feiertage

1. Januar: Neujahr
Karfreitag
Ostermontag
1. Mai: Tag der Arbeit
Christi Himmelfahrt
Pfingstmontag
3. Oktober: Tag der deutschen Einheit
31. Oktober: Reformationstag
25./26. Dezember: Weihnachten

Feste & Events

Für Unterhaltung wird vor allem im Sommer gesorgt – kein Wochenende, an dem nicht irgendwo ein Strand- oder Seebrückenfest stattfindet. Die Namen sind unterschiedlich, doch die Veranstaltungen ähneln sich. Märkte und Kinderunterhaltung gehören meist ebenso dazu wie Folklore und Feuerwerk. Einige Veranstaltungen haben sogar überregionale Bedeutung erlangt und Tausende kommen jährlich extra dafür angereist. Die Musikfestivals gehören genauso dazu wie die Hanse-Sail und die Störtebeker-Festspiele.

Mai

Nordischer Klang: Musik, Kunst, Kultur und Wissenschaft aus Dänemark, Finnland, Island, Norwegen, Schweden, Estland, Litauen, Polen und Russland: Künstler, Musiker und Schriftsteller aus diesen Ländern präsentieren in der ersten Monatshälfte in Greifswald ein umfangreiches Programm mit Theater, Jazz und Rock, klassischer und zeitgenössischer Musik, Kunstausstellungen und mehr (Infos unter www.nordischer klang.de).

Pfingsten

Kunst offen: An drei Tagen öffnen Künstler ihre Ateliers. Ihnen darf über die Schulter geschaut werden, oft kann man auch selbst kreativ werden. Der Regionale Fremdenverkehrsverband Vorpommern hat das Kulturwochenende ›Kunst offen‹ 1995 erstmals organisiert, seitdem entwickelte es sich zu einem landesweiten Ereignis (Infos unter www.kunst-offen.com).

Juni

Zingster Gastromeile: Mitte des Monats werden vom traditionellen Bierfassanstich am Freitag 18 Uhr bis zum Bierfassrollen am Sonntag 16.30 Uhr Schaukochen mit Verkostung, Kellnerlauf sowie abwechslungsreiche Showprogramme geboten. Die Köche lassen sich jedes Jahr Neues einfallen, beispielsweise überraschten sie die Gäste mit einer Riesen-Fisch-Bulette, die 2,60 m im Umfang maß und drei Stunden in der Pfanne bruzelte. Drei Köche mussten anpacken, um das gastronomische Opus zu wenden.

Wismarer Hafenfest: Das maritime Spektakel in Wismar bietet am ersten Wochenende im Juni jede Menge Spaß und Unterhaltung fast rund um die Uhr. Auch ein Feuerwerk fehlt nicht. Traditionell machen Großsegler im Alten Hafen fest, einer der Höhepunkte ist die Segelregatta.

Sundische Tage: Maritimes Treiben mit Kinder- und Familienprogrammen, Musik, Piratenlaufen und einem Feuerwerk zum Abschluss herrscht in der ersten Monatshälfte in Stralsund. Zu den Sundischen Tagen gehört auch die **Stralsunder Segelwoche**, die den Hafen der Hansestadt in ein Segelparadies verwandelt. Zu den verschiedenen Wettfahrten kommen viele Wassersportbegeisterte in die Stadt.

Juni bis August

Vineta-Festspiele: Das sagenhafte Vineta taucht dienstags, donnerstags und sonnabends für etwa zwei Stunden auf der Ostseebühne in Zinnowitz auf. Die Vorpommersche Landesbühne Anklam erzählt in einer prächtigen Theatershow mit viel Feuer, Tanz, Musik und Licht jährlich wechselnde Episoden aus der Geschichte der reichen Siedlung, die eine Sturmflut vor etwa 1000 Jahren vor Usedom verschlungen haben soll (Infos unter www.vineta-festspiele.de).

Festspiele Mecklenburg-Vorpommern: Die mehr als 100 Konzerte des überregional bedeutendsten Musikfestivals finden an exponierten Orten statt, in Kirchen, Schlössern und Herrenhäusern, berühmte Künstler und Ensembles aus dem In- und Ausland wirken mit. Die Festspiele sind die größte Veranstaltungsreihe des Bundeslandes Mecklenburg-Vorpommern (Infos: Tel. 03 85/ 5 91 85 85, www.festspiele-mv.de).

Juli

Warnemünder Woche: Eine der größten internationalen Segelsportveranstaltungen Deutschlands. Jährlich lockt sie über 2000 Aktive aus mehr als 20 Nationen in Deutschlands beliebtes Ostseerevier. Am ersten Wochenende findet traditionell der ›Warnemünder Ümgang‹ mit Trachtengruppen, Shantychören, Fischern, Handwerkern, Blumenmädchen und Neptun statt. Spielszenen stellen den Werdegang von Warnemünde dar, zum Treiben gehört auch ein Waschzuberrennen mit abenteuerlich zusammengebastelten Wasserfahrzeugen.

Eldenaer Jazz-Evenings: Internationale Vertreter des zeitgenössischen Jazz kommen am 1. Wochenende zur Klos-

Störtebekers Auferstehung

»Störtebeker is'n fein Kirl. Arm Lüd hett he wat gewen, riek Lüd wat namen«, wird heute noch dem legendären Seeräuber nachgesagt. In der Ost- und später in der Nordsee operierte er mit seinen Mitstreitern Ende des 14. Jh. Auf der Ralswieker Freilichtbühne auf Rügen wird jährlich eine spannende Geschichte aus dem Leben des ›Robin Hood der Meere‹ erzählt. Den Aufführungen von Juni bis Anfang September (Mo–Sa 20 Uhr) schauen pro Abend bis zu 9000 Menschen zu (Infos und Kartenvorbestellungen unter: www.stoertebeker.de).

terruine Eldena in Greifswald mit einem tollen Programm und begeistern das Publikum enthusiastisch.

Wallensteintage: An einem Wochenende um den 24. Juli werden die Gäste Stralsunds in die Zeit des Dreißigjährigen Krieges entführt. Das Fest erinnert an den schmachvollen Abzug des kaiserlichen Heeres am 24. Juli 1628. Vor der prachtvollen Kulisse des Rathauses befindet sich ein historischer Markt mit Seilemacher, Besenbinder und Korbmacher, in der Altstadt – vom Alten Markt bis zur Hafeninsel – zieht sich eine riesige Händlerstrecke hin, am Hafen erfreut die Gäste ein kurzweiliges Unterhaltungsprogramm. Gaukler und Landsknechte in historischen Gewändern, Straßenmusikanten und Kleinkunstdarsteller bestimmen das Bild.

Juli & August

Tonnenabschlagen: Reiter hoch zu Ross versuchen im vollen Galopp eine frei hängende Heringstonne mit einem Knüppel zu zertrümmern. Tonnenkönig ist, wer das letzte Stück Holz abschlägt. Das für die Halbinselkette Fischland-Darß-Zingst traditionsreiche Fest geht auf die Schwedenzeit zurück, als mit Fisch gefüllte Tonnen an die Besatzer abzuliefern waren. Als Touristenattraktion wird der alte Brauch während der Sommermonate in fast allen Orten der Halbinselkette gepflegt.

August

Hanse-Sail: Zur Hansezeit lagen im Rostocker Hafen beeindruckende Segelschiffe. Ende des 19. Jh. war in der Stadt sogar die größte Flotte der Ostsee beheimatet, 370 Schiffe trugen die Rostocker Flagge bis nach Hongkong und Buenos Aires. An die großen Zeiten knüpft die Hanse-Sail an, eines der weltgrößten Windjammer-Treffen. Das anmutige Bild, das die Parade der mehr als 200 Windjammer, Traditionssegler und Museumsschiffe Mitte des Monats im Rostocker Stadthafen bietet, lassen sich über eine Million Besucher nicht entgehen. Viele Skipper nehmen gegen Entgelt Passagiere zum Mitsegeln an Bord. Das dazugehörende Seefliegertreffen ist das größte seiner Art in Deutschland (Infos unter www.hanse-sail.com).

Blues Wave-Festival: Der Blues mit seinen verschiedenen Spielarten bestimmt das Festival Ende August auf Rügen. Den Auftakt bildet traditionell die 15 Uhr beginnende Straßenparade im Ostseebad Binz. Danach spielen die angereisten Bands oft bis in die frühen Morgenstunden in Hotels, Kneipen und auf Plätzen (Infos unter www.blueswave.de).

September

Die Peene brennt: In einem jährlich wechselnden Open-Air-Stück wird in Anklam eine Episode aus dem geschichtlichen Konflikt zwischen Schweden und Brandenburg aufgeführt, dem auf der Tribüne etwa 500 Zuschauer beiwohnen können (Infos unter www.theater-anklam.de).

Usedomer Musikfestival: 1994 fand das erste Festival auf Deutschlands zweitgrößter Insel statt, kein Geringerer als der weltberühmte Dirigent Kurt Masur hatte die Schirmherrschaft übernommen. In wenigen Jahren hat sich das in der Mitte des Monats stattfindende Festival einen festen Platz im Kulturkalender gesichert. Die ›Stars der Zukunft‹, junge, herausragende Solisten und Ensembles, geben Proben ihres Könnens, sie kommen aus den verschiedensten Ländern (Infos unter www.usedomer-musikfestival.de).

Unterwegs mit Kindern

Mit Kindern an der Küste Mecklenburg-Vorpommerns

Wasser und Sand – wenn das Wetter mitspielt, genügen diese beiden Elemente vielen Kindern, um sich stundenlang zu beschäftigen. Aber auch an Schlechtwettertagen und in den kühlen Monaten kommt keine Langeweile auf. Die Ostseeküste Mecklenburg-Vorpommerns ist eine kinderfreundliche Ferienregion. Das beginnt bei den Unterkünften und reicht über die Restaurants bis zu Kinderveranstaltungen.

Unterkünfte

Nicht wenige Hotels und Pensionen sind kinderfreundlich: Wenn das Zimmer nicht zu klein dafür ist, werden Aufbettungen bereitgestellt, vielfach sind auch Familienzimmer vorhanden oder Kombinationszimmer, bei denen sich zwei Hotelzimmer verbinden lassen. Ideal sind auch Ferienanlagen mit Bungalows. Einige Hotels haben sich auch speziell auf den Familienurlaub eingestellt, so z. B. das Aquamaris Strandresidenz Rügen In Breege (s. S. 56).

Doch das alles hat seinen Preis. Wer den nicht zahlen kann oder möchte, bucht eine Ferienwohnung oder ein großes Privatzimmer, möglichst im Hinterland. Da muss zwar zum Strand ein Stück Weg zurückgelegt werden, doch gegenüber einem Hotel an der Strandpromenade wird eine Menge Geld eingespart. Kinder mögen Quartiere im Hinterland besonders, denn da kann man aus der Haustür treten und meist auf der nahen Wiese herumtollen und oft sogar Rehe und Störche beobachten.

Im Restaurant

Auf Kinder sind die meisten Restaurants eingestellt, viele Gaststätten haben eine eigene Speisekarte für ihre kleinen Gäste, die die Lieblingsgerichte der Kleinen enthält: Nudeln, Gulasch, Pommes oder Pizza.

Am Strand

Die Ostseestrände bieten für Kinder ein wahres Urlaubsparadies: An den langen, oftmals breiten Stränden der Küste lässt es sich nach Herzenslust buddeln, am Wasser plantschen und Burgen bauen. Für Kleinkinder und Nichtschwimmer ideal sind die breiten, flach abfallenden Strände in Bansin, Boltenhagen, Kühlungsborn, Ueckermünde, Zingst und Zinnowitz.

Ausflugsziele für Kinder

Fahrten mit den dampfenden **Kleinbahnen ›Molli‹** (s. S. 70) und **›Rasender Roland‹** (s. S. 35) sind ein Erlebnis, auch Besuche in den **Zoos** bzw. Tierparks in Wismar, Rostock, Stralsund, Sassnitz und Ueckermünde. Ein **Segeltörn** oder die Fahrt mit einem Fahrgastschiff auf einem Boddengewässer oder hinaus auf die Ostsee löst fast immer freudigen Jubel aus.

Wenn das Wetter nicht mitspielt, muss auf das Baden nicht verzichtet werden. Viele Hotels haben ein Schwimmbad, und in Boltenhagen, Wismar, Ribnitz-Damgarten, Zingst, Stralsund, Binz, Greifswald, Zinnowitz und Ahlbeck gibt es **Freizeit- bzw. Erlebnisbäder.**

In der **Naturschatzkammer & Paradiesgarten** in Neuheide (s. S. 60) wird in die Kinderstube des Steinkauzes geschaut und in der **Zingster Kinderwelt** am Strandübergang 14 in Zingst werden allerlei Rätsel der Natur gelüftet, wird gebastelt, geklettert und fotografiert.

Übernachten

Urlaub in einer Jugendstilvilla: in vielen Ostseebädern möglich

Urlaubsorte im Überblick

Das Angebot ist groß, von Jugendherbergen über Privatzimmer und Ferienwohnungen bis zu 5-Sterne-Hotels reicht die Palette. Die meisten Hotels und Pensionen entstanden an der Wende zum 20. Jh. oder danach. Nach der Wiedervereinigung wurden sie restauriert und modernisiert. Von außen bieten sie den Charme der Vergangenheit, doch innen entsprechen sie internationalem Standard. Fast überall sind auch neue Hotels entstanden, namhafte Hotelketten wie Kempinski, Dorint, Radisson SAS und Steigenberger sind vertreten.

Die Urlaubsorte an der Ostseeküste haben unterschiedlichen Charakter. Boltenhagen, Rerik, die Insel Poel, Thiessow, Karlshagen, Trassenheide und Zempin bieten sich für den Familienurlaub an. Heiligendamm, Binz und Heringsdorf sind die mondänsten Urlaubsorte an der Ostseeküste. Wer viel erleben möchte, der wählt neben Binz und Heringsdorf noch Warnemünde oder Zinnowitz.

Wer einen naturnahen Urlaub mag, fährt auf die Halbinselkette Fischland-Darß-Zingst, den Südwesten der Insel Rügen (Middelhagen, Lobbe, Gager und Groß Zicker) oder das Hinterland von Usedom. Ruhe und Natur pur erwartet den Gast auf der autofreien Insel Hiddensee.

Pauschal oder individuell?

Außerhalb der Saison, in den Städten stets, sollte nach Wochenendpauschalen gefragt werden. Viele Hotels bieten Pauschalangebote an, zu denen neben der Übernachtung ein Gala-Dinner, Wellnessprogramm, Eintrittskarte für eine Kulturveranstaltung und anderes gehören. Vor allem in der kühlen Jahreszeit wird versucht, mit diesen oftmals durchaus interessanten Angeboten Gäste an die Ostsee zu locken. Interessant ist die Aktion ›Qualität zum günstigen Preis‹. Von Mitte Oktober bis Mitte Dezember und von Anfang Januar bis Mitte März, mit Ausnahme von Weihnachten und Silvester, bieten viele Hotels und Pensionen entlang der Küste das Doppelzimmer inkl. Frühstück zu 55 € an.

Hotels & Pensionen

Jeder Gast findet ein seinen Ansprüchen genügendes Hotel. Sechs 5-Sterne-Hotels sind vorhanden: das Kempinski in Heiligendamm, das Neptun in Warnemünde, das Kempinski und das Kurhaus in Binz, das Palace in Zinnowitz und der Ahlbecker Hof in Ahlbeck. Die nach der Einheit aufgenommenen hohen Kredite für den Kauf der Hotels und für die Sanierung und Modernisierung spiegeln sich in den Zimmerpreisen wider. Dazu kommt, dass Meeresrauschen und Strandblick seit jeher ihren Preis haben. An den Strandpromenaden ist unter 100 € in der Hauptsaison kaum ein Doppelzimmer zu bekommen. Wer das nicht zahlen kann oder möchte, nimmt sich ein Quartier landeinwärts, denn auch hier stehen modernisierte Häuser.

Die in diesem Band genannten Zimmerpreise, die der Orientierung dienen sollen, sind die günstigsten. In der Hauptsaison, meist auch zu den Feiertagen, ist bedeutend mehr zu zahlen, manche Hotels haben auch noch Preise für eine Zwischensaison. Wann die jeweilige Saison beginnt und endet, das legt jedes Hotel für sich fest.

Ferienwohnungen & Privatzimmer

Ferienwohnungen sind vor allem für Familien preislich interessant. Nicht wenige von ihnen bekamen 4 oder 5 Sterne verliehen, entsprechen also höchstem Standard. Besonders viele Ferienwohnungen sind im Ostseebad Boltenhagen vorhanden.

Privatzimmer werden überall vermietet, in den Ferienorten an der See ebenso wie in den Städten. Da die Ausstattung manchmal nicht den Vorstellungen des Gastes entspricht, empfiehlt sich vor der Buchung ein Blick in das Zimmer. Zwei Personen haben in der Hauptsaison für das Privatzimmer ab 15 € zu zahlen. Die Vermietung übernehmen oft auch die Tourist-Informationen oder Kurverwaltungen.

Jugendherbergen

Entlang der Küste sind 16 Jugendherbergen vorhanden. Neben Mehrbettzimmern bieten sie oft auch Familienzimmer an. Besonders gefragt sind die Jugendherbergen in Binz auf Rügen und Heringsdorf auf Usedom, die sich an der Strandpromenade befinden, sowie das Jugendgästeschiff im Rostocker Stadthafen, ein ehemaliges 10 000-Tonnen-Frachtschiff.

Wer die preiswerten Übernachtungen nutzen möchte, muss im Besitz eines Ausweises des Deutschen Jugendherbergswerkes (DJH) sein, den es auch für Senioren (ab 27 Jahre) gibt (Auskunft: DJH-Landesverband Mecklenburg-Vorpommern e. V., Erich-Schlesinger-Str. 40/41, 18059 Rostock, Tel. 03 81/77 66 70, Fax 03 81/7 69 86 82, www.djh-mv.de).

Preisgünstig sind auch die Unterkünfte in den Internationalen Jugenddörfern Wittow und Ummanz auf Rügen und in Greifswald-Wiek.

Camping

An der gesamten Ostseeküste befinden sich mehr als 50 Campingplätze mit unterschiedlicher Ausstattung. Bei manchen empfiehlt sich rechtzeitige Anmeldung, denn nicht wenige Campingplätze haben zahlreiche Stammgäste, die oftmals seit Jahrzehnten hier ihren Urlaub verbringen. Die Preise liegen pro Nacht und Person in der Hochsaison bei 4–5 €, für ein Auto bei 2–4 €, für ein Zelt 3–6,50 € und für ein Wohnmobil bei 8–11 €.

Reservierung empfohlen

In den Ferienmonaten während des Sommers empfiehlt es sich, in den Ostseebädern nicht ohne Reservierung anzureisen, denn die Zimmersuche gestaltet sich oft zeitaufwändig. In den Städten wiederum sind die Frühjahrs- und Herbstmonate besonders gefragt.

Essen & Trinken

Eine Delikatesse: Räucherfisch frisch aus der Räuchertonne

Regionale Küche wiederentdeckt

›Äten un Drinken höllt Liew un Seel tosamen‹ (Essen und Trinken hält Leib und Seele zusammen), sagt man an der Küste. Zu DDR-Zeiten war die regionale Küche, die als bodenständig und deftig gilt, in Vergessenheit geraten. Die Köche mussten in Kochtöpfe und Bratpfannen geben, was ihnen zugeteilt wurde. Die Eintönigkeit wurde überwunden; manch verloren gegangenes Rezept, in vergilbten Kochbüchern oder in Großmutters Zettelsammlung entdeckt, findet sich heute wieder auf den Speisekarten.

Die gleichen Gerichte werden regional recht verschieden zubereitet, jeder schwört auf seine Rezepte. Die sind aber manchmal gewöhnungsbedürftig. Süß-sauer ist beliebt, Grünkohl mit Rosinen, Rippenbraten mit Honig, Schmalz mit Äpfeln. Wer das nicht mag, findet überall internationale und gutbürgerliche Küche.

Kochen mit Produkten der Region

Restaurants gibt es an der Küste in Hülle und Fülle, das Angebot reicht von der schlichten Dorfkneipe bis zum Feinschmeckerrestaurant. Die Gourmetführer adeln immer mehr Restaurants mit Sternen oder Kochlöffeln. Hier werden nicht nur frische Produkte verarbeitet, sondern vorwiegend Erzeugnisse aus der Region, also der Fisch von den heimischen Fischern und das Wild aus den Wäldern der Umgebung.

Fisch

Fangfrischen Fisch bieten viele Gaststätten an. Die Ostsee hält reichliche Ernte bereit, durch die zahlreichen Seen im Hinterland und die vielen Boddengewässer werden auch lecker zubereitete Süßwasserfische serviert. Wenn der Hering im Frühjahr zu seinen Laichplätzen im Greifswalder Bodden zieht, wird auf den Inseln Rügen und Usedom zu den **Heringswochen** geladen. In köstlichen Varianten zubereitet bereichert der Hering das Angebot vieler Restaurants.

Im Mai und Juni steht dann vielfach der **Hornfisch** auf den Karten, den die Binnenländer seiner grünen Gräten wegen oft etwas argwöhnisch betrachten. Der Hornfisch, der dem Aal ähnelt, kommt von der Küste Portugals und Spaniens zum Laichen in die Küstengewässer. Auf Usedom wird in einigen Gaststätten auch der weithin unbekannte **Schnäpel,** auch Steinlachs genannt, zubereitet. Der Schnäpel ist eine selten gewordene Maräne, der in den Mündungsarmen der Oder und im Brackwasser der Ostsee heimisch ist und sich ausgezeichnet zum Braten, Dünsten und Räuchern eignet.

Fleisch & Wild

Fast jede Fischerfamilie hielt einst Geflügel, oft wurde sogar ein Schwein fett gefüttert. Das bestimmt bis heute die Speisekarten. Die Küstenwälder sind voller **Wild,** entsprechend haben sich etliche Restaurants spezialisiert.

Die zur Geschmacksverfeinerung eingesetzten Pilze und Beeren stammen meist auch aus der Umgebung. In guten Restaurants werden oft wildwachsene **Kräuter** verwendet, Bärlauch und Brunnenkresse, Scharbockskraut und Vogelmiere. Die Kräuter liefert das mittlerweile über die Landesgrenzen von Mecklenburg-Vorpommern hinaus bekanntgewordene Unternehmen ›Essbare Landschaften‹, das beim Gutshaus Boltenhagen bei Grimmen auf 50 000 m^2 Land all das anbaut, was das Essen schmackhaft macht.

Kohl & Kartoffeln

Rügens Gastronomen haben den Kohl wieder entdeckt, der auf der Insel prächtig gedeiht. Ende September/Anfang Oktober, zu den **Kohlwochen,** gibt es Weiß- , Rot-, Wirsing-, China-, Grün-, Rosen- und Blumenkohl in erstaunlich vielen Varianten. Ob Fisch, Wild oder Kohl, ohne Kartoffeln geht an der Ostseeküste von Mecklenburg-Vorpommern nichts. *Tüfften* werden sie hier zu Lande genannt. Jährlich zwei Wochen im September, zu den **Tüfftentagen,** zeigen die Köche auf Usedom, wie vielseitig sich Kartoffeln zubereiten lassen.

Getränke

Bier rangiert an erster Stelle, gern lässt man sich ausschenken, was im eigenen Bundesland gebraut wird, Lübzer, Schweriner, Rostocker oder Stralsunder. Wer auf seine Gesundheit achtet, trinkt den vitaminreichen **Sanddornsaft,** den kleine Gaststätten manchmal aus selbst gepflückten Beeren zubereiten. Die Sanddornbeere gilt in der Volksmedizin als uraltes, kräftigendes Heilmittel, und das nicht ohne Grund: Die kleine orangefarbene Frucht enthält zehnmal mehr Vitamin C als eine Zitrone. Darüber hinaus enthält sie alle B-Vitamine. Die Früchte werden im Oktober geerntet und dann in vielfältiger Form verabeitet: als Saft, Likör und Marmelade.

An kalten Wintertagen wird zum Aufwärmen **Grog** getrunken. Das Motto der Einheimischen: »Rum muss sein, Wasser braucht nicht zu sein.«

›Regionale Esskultur‹ auf Rügen

Immer mehr Restaurants, Lebensmittelproduzenten und Bauern Rügens tragen das Prädikat ›Regionale Esskultur‹. Wenn es der Gast sieht, weiß er, hier werden regionaltypische Produkte verwendet. ›Regionale Esskultur‹ ist ein Projekt in ganz Europa, an dem sich etwa 35 Regionen beteiligen. Sie sollen es dem Gast erleichtern, egal in welchem Land er sich befindet, kulinarische Spezialitäten der Region leichter zu erkennen und wenn möglich, den Weg der Gerichte bis zum Produzenten zurückverfolgen zu können. Bei Restaurants muss der überwiegende Anteil der angebotenen Gerichte aus frischen Rohstoffen hergestellt werden. Das Personal muss Kenntnisse über die Produzenten sowie die verwendeten Rohstoffe haben.

Kulinarisches Lexikon

Suppen & Eintöpfe

Hiringstüfften Brühe mit Salzheringstücken und Pellkartoffeln

Kliebensuppe bröseliger Teig aus Mehl, Salz, Zucker und Ei (die Klieben) in kochender Milch

Rügener Fischsuppe deftige Suppe aus Dorsch, Kartoffeln, Möhren und Sellerie

Soljanka leicht säurige Suppe aus verschiedenen Wurstsorten und Räucherfleisch mit Gurken und saurer Sahne

Tüfften un Plum dicke Kartoffelsuppe mit Backpflaumen und Speck

Wrukeneintopf Kohlrüben (Wruken) mit klein geschnittenem Schweinebauch und Kartoffeln

Fischgerichte

Bismarkhering sauer eingelegte Heringsfilets

Braden Maischull gebratene Maischolle

Gräun Hiring kak't un Sempsoß gekochter Hering in Senfsauce

Hering gebraten mit süß-saurer Sauce, Zitrone und Bratkartoffeln

Hiring in Sahnstip Hering in Sahnesauce

Labskaus durch den Fleischwolf gedrehtes Pökelfleisch, vermischt mit Heringsfilet, Roter Bete sowie Kartoffelpürree, obenauf ein Setzei

Kak't Dösch gebackener Dorsch

Pannfisch gekochte Rinderbrust an einem Püree aus Kartoffeln und gegarten Fischfilet-Stücken

Pflückhecht gegarter Hecht in Sahne-Kapern-Sauce

Rökeraal geräucherter Aal, meist mit Schwarzbrot serviert

Saueraal mit Zwiebeln, Sellerie und Petersilienwurzeln gekochter Aal in Gelee, der kalt serviert wird

Schmoraal ›Fischgulasch‹ – in 2 cm lange Stücke geschnittener dünner Aal, geschmort, mit Salz- oder Pellkartoffeln gegessen

Solten Hiring Salzhering mit Pellkartoffeln und Schusterstippe (s. u.)

Spickhecht mit Speck gespickter Hecht in Sahnesauce

Fleisch- und Geflügelgerichte

Blautwurst Blutwurst

Buttermilchklopse Hackfleischklößchen in Buttermilch-Sauce

Falscher Gänsebraten gefüllte Schweinerippe

Gestockte Wruken gekochter Schweinebauch mit gedämpftem Gemüse

Hasenpfeffer geschmortes Hasenklein mit Speck, Zwiebeln und Gurkenstückchen

Himmel un Erd Stampfkartoffeln (Erde) und gedünstete durchgerührte Äpfel (Himmel) mit gebratenem Speck vermischt

Kloppschinken in Öl goldbraun gebackene panierte Schinkenscheiben, die mit Gemüse und Kartoffeln serviert werden

Mecklenburger Rippenbraten mit Backpflaumen und Äpfeln gefüllte Schmorrippen

Mecklenburgisches Wurzelfleisch Suppenfleisch mit Gemüse und Rosinen-Meerrettich-Sauce

Pommersche Gans mit Schwarzbrot, Rosinen und Äpfeln gefüllter Gänsebraten

Sauerfleisch mit Gewürzen gekochte, kalt servierte Schweineschulter

Schwarzsauer zerkleinertes Gänse-, Enten- oder Schweinefleisch, in einer mit dem Blut des geschlachteten Tieres verrührten Brühe mit Backobst und geriebenen Pfefferkuchen; in einer Schüssel mit Klößen serviert

Spickgans gepökelte, mit Buchenholz und Wacholderspänen geräucherte Gänsebrust

Wittsuergausfleisch in Essigsud gekochte Gänsestücke

Beilagen

Apfelschmolt gebratene Schweinefettwürfel mit Apfelstücken, Zwiebeln und Gewürzen

Brodtüfften Bratkartoffeln

Essigkörbsen Kürbisgemüse

Gräunkohl gedünsteter Grünkohl mit Gewürzen

Hefekartoffeln eine Art Kartoffelgratin

Klüten ähnlich wie Spätzle: Teigklößchen aus Eiern und Mehl

Melktüfften eine Art Kartoffelbrei: weich gekochte Kartoffeln, die dann erneut in Milch aufgekocht werden

Plum Backpflaumen

Pölltüfften Pellkartoffeln

Pommerscher Kaviar würziges Bauernbrot mit Gänseschmalz

Schmandkartoffeln gekochte Kartoffeln in einer Speck-Sahne-Sauce

Schöddelkauken Kartoffelauflauf mit Apfelmus

Schusterstippe (Speckstippe) eine dicke dunkle Sauce aus Zwiebeln, Speck, Zucker und Mehl

Speckpflaumen Backpflaumen in Speckscheiben gewickelt

Suer Tüfften gekochte Kartoffeln mit eine Sauce aus Essig, Mehl und Sirup

Tollatschen in Brühe gegarte Klöße aus Mehl, Zucker, Rosinen, Schmalz und Schweineblut

Tüfften Kartoffeln

Wruken Steckrüben

Süßspeisen & Gebäck

Dicken Ries mit suren Saft Reis mit Mandeln und Zitronen

Griebeplätzchen Gebäck mit Grieben, Zimt und Nelken

Hefeplinsen Küchlein aus gebratenem Hefeteig mit Pflaumenmus

Heiten Win Fruchtschale aus Zimt und Gries

Mecklenburger Götterspeise in Rum getränktes Schwarzbrot, das mit Sauerkirschen und Sahne zu einem Auflauf geschichtet wird

Mecklenburgische Buttermilchsuppe süßer Nachtisch aus Buttermilch und Johannisbeergelee

Rote Grütze Die Nachspeise aus Beeren und Obstsaft ist mit Zimt abgeschmeckt, gereicht wird sie mit Vanillesauce

Schlupfkuchen in einer Springform gebackener Rührteig mit ›versunkenen‹ Obststücken

Schwarzbrotpudding Pudding aus Schwarzbrot, Butter, Rum und Eiern

Getränke

Arkona-Feuer ein auf Rügen hergestellter scharfer Rum

Grog Getränk aus Rum, heißem Wasser und Zucker

Kalter Hoppelpoppel Punsch aus Eidotter, Sahne und Rum

Kolschal mit Boddermelk eine Art Bowle aus Rotwein, Zucker und Gewürzen

Köm ein klarer Kümmelschnaps

Aktivurlaub

Hält fit und macht Spaß: Beachvolleyball

Für die aktive Betätigung sind an der Ostseeküste von Mecklenburg-Vorpommern reichlich Möglichkeiten vorhanden. Die Angebote werden vorrangig von den natürlichen Gegebenheiten geprägt. Angler und Wassersportler kommen oftmals nur angereist, um hier ihrem Hobby nachzugehen, aber auch Radler, die das flache Land lieben. Wellness wurde in dieser Region nicht nur zum Modewort, es wird eine Menge geboten, was Spaß macht und zum Wohlfühlen beiträgt.

Angeln

Mecklenburg-Vorpommern hat 2005 einen zeitlich befristeten Touristen-Fischereischein eingeführt. Er kann einmalig im Jahr zum Preis von 20 € erworben werden und ist für die Dauer von bis zu 28 aufeinander folgenden Tagen gültig. Der Erwerber muss dafür mindestens 10 Jahre alt sein. Der Fischereischein wird benötigt, um die Angelerlaubnis für das jeweilige Gewässer zu erhalten. Auch für Küstengewässer und die Ostsee ist sie erforderlich. Wo es den Fischereischein und wo es Angelerlaubnisse gibt, wissen die Tourist-Informationen bzw. Kurverwaltungen.

Für die Küstengewässer und die Ostsee wird die Erlaubnis als Tages-, Wochen- oder Jahreskarte ausgegeben vom Landesamt für Fischerei, Dr.-Lorenz-Weg 1, 18059 Rostock, Tel. 03 81/40 51 80, Fax 4 05 18 43.

Baden

An der Ostseeküste Mecklenburg-Vorpommerns kann man bedenkenlos baden: Die **Wasserqualität** ist von Boltenhagen im Westen bis Ahlbeck im Osten sehr gut. In der Saison werden an ca. 150 Badestellen in regelmäßigen Abständen Wasserproben entnommen und nach den strengen EG-Richtlinien überprüft.

Bojen in den Seebädern kennzeichnen den **bewachten Badebereich.** Ist an den Stationen der Deutschen Lebens-Rettungs-Gesellschaft (DLRG) eine gelbe Flage aufgezogen, sollten Kinder und Nichtschwimmer nicht baden und Schwimmer sich nur bis Brusttiefe im Wasser aufhalten. Absolutes Badeverbot besteht bei roter Flagge (s. auch S. 14).

An den Stränden ist **FKK** weit verbreitet, an den Strandzugängen befinden sich entsprechende Hinweisschilder. Außerhalb der Ortsgrenzen, also der kurtaxepflichtigen Bereiche, so am Westdarß, auf Hiddensee und der Schaabe auf Rügen, wird fast nur nackt gebadet. Bekleidete brauchen diese Bereiche nicht zu meiden, die FKK-Anhänger sind sehr tolerant.

Ein für manche leidiges Thema sind die **Quallen:** Ab und zu schwimmen die gallertartigen, glasklaren Tiere zu Hunderten im Wasser, die meisten von ihnen sind jedoch harmlos. Nicht berührt werden dagegen sollte die gelb, rot oder blau gefärbte Nesselqualle, auch Feuerqualle genannt. Deren langen Tentakel können bei empfindlichen Menschen Hautreizungen, Kreislaufprobleme und allergische Reaktionen hervorrufen.

Die Ostsee erreicht selbst im Hochsommer kaum eine Wassertemperatur von mehr als 18° C – für viele zu wenig, um sich darin wohlzufühlen. Aber auf Baden braucht dennoch niemand zu verzichten. **Freizeitbäder** gibt es in Wismar (s. S. 98), Stralsund (s. S. 91) und Greifswald (s. S. 63), in Binz (s. S. 52) und Sellin (s. S. 87) auf Rügen sowie bei Ahlbeck (s. S. 38) auf Usedom. Die Bäder in Boltenhagen (s. S. 54) und Zinnowitz (s. S.103) haben Meerwasser. Zahlreiche Hotels öffnen ihre Schwimmbäder gegen Gebühr auch für Nichthotelgäste.

Golf

Golfanlagen mit 18-Loch-Plätzen sind in Hohen Wieschendorf, in Wittenbeck, in Karnitz auf Rügen und Balm (s. S. 47f.) auf Usedom vorhanden.

Inlineskating

Die vielen neuen und breiten Radwege bieten zum Skaten ideale Möglichkeiten. Beliebt sind auch die asphaltierten Deichkronen.

Kiting

Immer beliebter wird die neue Trendsportart Kiting, eine faszinierende Mischung aus Fliegen und Surfen. Die Surfer werden von dem Kite (Drachen) ab ca. Windstärke drei auf einem speziel-

Die schönsten Strände

Bakenberg (Rügen): Das Refugium für FKK-Anhänger nordöstlich von Dranske. Man kann bis zu 40 m ins Wasser laufen, deshalb bei Familien beliebt (K 1).
Karlshagen (Usedom): Der Norden der Insel ist wenig überlaufen, der Strand aber ebenso fein wie in den stark frequentierten Kaiserbädern im Süden (M 4).
Mönchgut (Rügen): Der 5 km lange und bis zu 50 m breite Sandstrand zwischen Lobbe und Thiessow ist selbst an heißen Sommertagen nicht überlaufen (M 3).
Prerow (Darß): Der Nordstrand ist bis zu 30 m breit und feinsandig. Der Weststrand mit dem Darßer Urwald wird jenen gefallen, die Romantik lieben. Hier wird überwiegend FKK gebadet. Der Strand liegt im Naturpark, deshalb muss das Auto in Ortslage oder auf einem Parkplatz zwischen Ahrenshoop und Born abgestellt werden (G 2/3, s. S. 74).
Schaabe (Rügen): 10 km lang und bis zu 50 m breit zieht sich der Sandstrand zwischen Glowe und Juliusruh entlang. Auch in den Ferienmonaten liegt man nicht dicht nebeneinander. Parkplätze sind vorhanden, aber keine Gaststätten (K 1, s. S. 56).
Warnemünde: Feinster Sand und 100 m breit – das ist Rekord an der Ostseeküste von Mecklenburg-Vorpommern (E 4, s. S. 95).

len Board (ca. 2,20 m lang) an etwa 20 bis 30 m langen Schnüren gezogen. Mit den bis zu 20 m großen Kites sind weite und bis zu 10 m hohe Flüge möglich. Für Anfänger eignen sich besonders die oft stehtiefen Boddengewässer.

Radfahren

Das flache Land ist bei Radlern beliebt, das Radwandernetz wird zunehmend ausgebaut. In sämtlichen Ferienorten stehen Fahrräder zum Mieten bereit, auch viele Hotels haben Drahtesel für ihre Gäste.

Radwanderungen mit Übernachtung in guten Hotels und Gepäckservice (mit verschiedenen Routen, beispielsweise über die Halbinsel Fischland-Darß-Zingst oder entlang der Küste Vorpommerns und über die Inseln Rügen und Usedom) organisiert von April bis Mitte Oktober die Mecklenburger Radtour, Zunftstraße. 4, 18437 Stralsund, Tel. 0 38 31/28 02, 20, Fax 0 38 31/28 02 19, www.mecklenburger radtour.de

Reiten

Die herrliche, dünn besiedelte Küstenregion ist ein ideales Pferdeland und hat modern ausgestattete Reiterhöfe. Immer mehr Gäste kommen, um an der Ostsee einen Urlaub hoch zu Ross zu verbringen. Auf der Insel Rügen gibt es zum Beispiel fast zwei Dutzend Reiterhöfe.

Moderne Reithallen, wie es sie etwa auf der Insel Poel (s. S. 74), in Zingst (s. S. 102) sowie in Bannemin und Benz auf Usedom gibt, machen das sportliche Vergnügen bei jedem Wetter möglich. In den Ostseebädern einen Kremser oder eine Kutsche zu mieten, das ist heute ebenso einfach wie eine Taxibestellung.

Segeln

Als günstiger Ausgangspunkt für einen Segeltörn bietet sich die Hansestadt Wismar mit ausreichenden Liegeplätzen an. Warnemünde sollte gemieden werden, da es stets überfüllt ist. Eine gut ausgestattete Marina mit vielen Liegeplätzen besitzt Vitte auf Hiddensee. Rügen und Usedom haben mehrere Häfen.

Surfen

Surfer bevorzugen die Wismarer Bucht und den Greifswalder Bodden. Die Bucht zwischen Thiessower Haken und Klein Zicker auf Rügen wird von den Surfern als eins der besten Reviere an der Ostseeküste bezeichnet. Die Flachwasser- und Stehreviere entlang der Küste sind für Anfänger ideal. Die meisten Einstiegsplätze sind gut mit dem Auto zu erreichen, so dass die Schlepperei durch das Gelände entfällt.

Tauchen

Die Unterwasserwelt der Ostsee ist nicht zu verachten. Je nach Tauchrevier sind Muschelbänke, Seegraswiesen und Seesternfelder zu sehen, können Aal und Dorsch, Krabben und Quallen beobachtet werden. Rund um das Kap Arkona sind Schiffwracks beliebte Tauchobjekte. Die Sichtweiten betragen meist 3 bis 5 m, die Tauchsaison geht von Mai bis September. Tauchbasen, über die die regionalen Tourismusverbände (s. S. 32) informieren, bieten Schnuppertauchen an, geführte Tauchgänge sowie Kurse.

Tennis & Squash

Jedes Ostseebad, das etwas auf sich hält, bietet seinen Gästen Tennisplätze. Auch bei schlechtem Wetter kann Tennis und Squash gespielt werden, so in Wismar, Graal-Müritz, Zingst, Samtens und Zinnowitz.

Wellness an der Ostseeküste

Fitness ohne Stress und Quälerei – so erläutern Experten mit wenigen Worten das Wort Wellness. Immer mehr Hotels bieten ihren Gästen Wellnessvergnügen mit wohliger Wärme, sanften Massagen, angenehmen Düften und heilenden Kräutern. Und immer mehr gönnen sich solche Wohlfühl-Tage.
Über eine besondere Wellness-Oase verfügt das Neptun-Hotel in Rostock-Warnemünde mit seinem **Thalasso-Vital-Center Arkona Spa,** das Gesundheits-, Fitness- und Schönheitszentrum zugleich ist. Die Thalasso-Therapie (griech. ›thlassa‹ – das Meer, ›therapeia‹ – die Behandlung) stützt sich auf die vitalisierenden Mineralien des Schönheitsspenders Alge und das heilende Meer durch seine Salze. Die Warnemünder Nobelherberge mit den fünf Sternen bietet als bislang einziges Hotel in Deutschland Original-Thalasso, denn dazu gehören nicht nur das milde Reizklima am Meer, saubere Luft und Algen, sondern täglich frisches Meerwasser in Pool und Wannen, das über eine Pipeline befördert wird. Ein besonderes Erlebnis bereitet ein Besuch in der **Orientalischen Wellness-Oase Shehrazade** in Heringsdorf (s. S. 64). Auf 1200 m² und zwei Ebenen wird ein Erlebnis wie im Märchen aus 1001 Nacht geboten. Die meisten Einrichtungsgegenstände stammen aus Marokko.
Auf Rügen ist die Anwendung der hier vorkommenden **Heilkreide** eine Spezialität, das Cliff Hotel in Sellin, das Radisson SAS Resort Rügen in Trent und das Kempinski Hotel Bel Air in Binz haben sich darauf spezialisiert. Die reinweiße Farbe, die Geruchlosigkeit und die feincremige Struktur sorgen rasch für ein Wohlfühl-Erlebnis. Rügener Heilkreide lindert Schmerzen, reinigt die Haut, wärmt und entschlackt den Körper, sie wird auch als Mixtur mit Algen, Ölen und Stutenmilch eingesetzt. Als **Wellnesshotels** haben sich einen Namen gemacht die Hotels Dorint Strandhotel in Wustrow (s. S. 101), Meerlust in Zingst, die Heringsdorfer Häuser Upstaalboom Hotel Ostseestrand, Ostseeblick Strandhotel und Maritim Hotel Kaiserhof (s. S. 65) sowie der Ahlbecker Hof in Ahlbeck (s. S. 38).
Zu den exklusivsten Wellnessadressen in Deutschland gehört das 3000 m² große **Spa & Beauty** im Kempinski Grand Hotel Heiligendamm (s. S. 46). In zwölf großzügigen, lichtdurchfluteten und luxuriös ausgestatten Spa-Suiten kommen bei den verschiedensten Anwendungen Körper, Geist und Seele in Einklang. Ein Ostsee-Hamam, zwei finnische Saunen, zwei Dampfbäder, Eisraum, Hallenbad, Meditations-Ruheraum mit Brunnen und vieles mehr bieten vielfältigste Möglichkeiten, mit allen Sinnen zu genießen und zu entspannen.

Wandern

Auch wenn die Einheimischen von Bergen sprechen – was in der Landschaft aufragt, sind kleine Hügel. Schwierige Stecken sind deshalb nicht vorhanden. Schöne Wanderungen führen auch entlang des Ostseestrandes, vor allem dort, wo die Küste abwechslungsreiche Bilder bereithält. Die Kurverwaltungen organisieren geführte Wanderungen, aber auch die Ämter der Nationalparks Vorpommersche Boddenlandschaft, des Naturparks Usedom und des Biosphärenreservats Südost-Rügen.

Auskunft

Allgemeine Informationen

Touristischer Buchungsservice (TourBu)
Platz der Freundschaft 1
18059 Rostock
Tel. 01 80/5 00 02 23 (0,12 €/Min.)
Fax 03 81/403 07 55
www.auf-nach-mv.de
info@reiseland-mv.de
Telefonische Auskunft rund um die Uhr, Buchungen Mo–Fr 8–20 Uhr, Sa 9–13 Uhr.

Verband Mecklenburgische Ostseebäder e.V.
Uferstr. 2
18211 Ostseebad Nienhagen
Tel. 03 82 03/7 76 10
Fax 03 82 03/77 61 20
www.ostseeferien.de
info@ostseeferien.de

Tourismusverband
Fischland/Darß/Zingst e.V.
Barther Str. 31
18314 Löbnitz
Tel. 03 83 24/64 00
Fax 03 83 24/6 40 34
www.fischland-darss-zingst.de
info@tv-fdz.de

Tourismuszentrale Rügen GmbH
Bahnhofstr. 15
18528 Bergen
Tel. 0 38 38/8 07 70
Fax 0 38 38/25 44 40
www.ruegen.de
info@ruegen.de

Usedom Tourismus GmbH
Bäderstr. 5
17458 Ückeritz
Tel. 03 83 75/2 34 10
Tel. 0 18 05/87 33 66 (Service-Telefon rund um die Uhr)
Fax 03 83 75/2 34 29
www.usedom.de
info@usedom.de

Regionaler Fremdenverkehrsverband Vorpommern e.V.
Fischstr. 11
17489 Greifswald
Tel. 038 34/89 10
Fax 038 34/89 15 55
www.vorpommern.de
info@vorpommern.de

Informationsstellen

Konkrete Informationen zu einzelnen Urlaubsorten erteilen die jeweiligen Info-Stellen der Städte und Gemeinden (s. S. 38ff.). Sie haben ganzjährig von Mo–Fr, in der Saison meist auch Sa, seltener am So, geöffnet.

Anreise

Mit dem Flugzeug

Die nächsten internationalen Flughäfen sind in Hamburg und Berlin. Zum **Flughafen Rostock-Laage** gibt es Linienflüge von München, Köln/Bonn und Nürnberg und im Sommer von mehreren deutschen Städten zum **Flugplatz Heringsdorf** auf Usedom. Auf dem **Rügener Flugplatz Güttin** in der Nähe von Bergen können nur kleine Maschinen (Charterverkehr) landen.
Flughafen Rostock-Laage: Tel. 03 84 54/3 13 39, www.rostock-airport. de.
Servicecenter Heringsdorf: Tel. 03 83 76/2 00 30, www.flughafen-heringsdorf.de

Mit der Bahn

Von Nordrhein-Westfalen und München fährt Abend für Abend der DB NachtZug an die Ostseeküste von Mecklenburg-Vorpommern, Ausstiege sind Rostock, Ribnitz-Damgarten, Stralsund, Bergen und Binz (Auskunft Tel. 01 80/5 14 15 14, www.nachtzug reise. de). Von Mitte April bis Mitte Okt. verkehrt Fr und Sa ein moderner Nachtreisezug von Basel über Südwestdeutschland an die Küste mit denselben Ausstiegsorten (Auskunft: www. citynightline.ch).

Autofahrer reisen mit dem **Autozug** der Deutschen Bahn von Mitte Mai bis Anfang Oktober von Frankfurt/Neu Isenburg und von Stuttgart/Kornwestheim jeden Freitagabend nach Rostock und weiter nach Sassnitz. Von Dortmund fährt jeden Samstag ein Autozug nach Rostock (Auskunft: tgl. 8–22 Uhr, Tel. 0 18 05/24 12 24, www.dbauto reisezug.de).

Züge nach **Rügen** fahren über Stralsund, die ICE halten in Bergen und enden in Binz.

Nach **Usedom:** Aus Norden bis Stralsund und dort in die Usedomer Bäderbahn (UBB) umsteigen, aus Süden bis Züssow (Strecke Berlin – Stralsund) und dort in die Bäderbahn umsteigen. Die Halbinselkette **Fischland-Darß-Zingst** hat keinen Bahnanschluss.

Mit dem Auto

Die Küste entlang führt die 323 km lange neue A 20. **Vom Süden** kommt man nach Wismar auf der A 24/A 241, nach Rostock auf der A 24/A 19.

Nach **Stralsund, Rügen und Usedom** geht es aus dem Süden auf der A 11 bis zum Kreuz Uckermark und weiter auf der neuen A 20.

Der **Rügendamm** (B 96) bei Stralsund sowie die beiden **Brücken zur Insel Usedom** (B 110 und B 111) werden mehrmals täglich hochgeklappt, um größeren Schiffen die Durchfahrt zu ermöglichen. Vor allem in der Hauptreisezeit ergeben sich so lange Staus. Für Fahrten nach Rügen bietet sich die **Glewitzer Fähre** als Alternative an (von Stahlbrode auf dem Festland nach Glewitz im Süden Rügens; Fahrdauer ca. 15 Min.): April–Okt. tgl. von 6–21.40 Uhr im 20-Min.-Takt.

Mit dem Schiff

Regelmäßige Fährverbindungen nach **Rostock** bestehen von Gedser (Dänemark), Helsinki und Hanko (Finnland), Tallinn (Estland), Liepaja (Lettland) und Trelleborg (Schweden), zum **Fährhafen Sassnitz** von Rønne auf Bornholm (Dänemark), Trelleborg (Schweden), Klaipeda (Litauen).

Geld

In allen größeren Orten befinden sich Bankfilialen, wo man mit der EC-Karte und der PIN Bargeld erhält. Die gängigen Kreditkarten (American Express, Visa, Mastercard) werden von den meisten Hotels und Restaurants akzeptiert.

Notfall

Polizei: Tel. 110
Rettungsdienst und Feuerwehr:
Tel. 112
Pannenhilfe ADAC:
Tel. 0 18 02/22 22 22

Diplomatische Vertretungen
Österreich:
Stauffenbergstr. 1
10785 Berlin (Tiergarten)
Tel. 0 30/20 28 70
Fax 0 30/2 29 05 69
berlin-ob@bmaa.gv.at
Schweiz:
Fürst-Bismarck-Str. 4
10557 Berlin (Tiergarten)
Tel. 0 30/3 90 40 00
Fax 0 30/3 91 10 30
vertretung@ber.rep.admin.ch

Telefonieren

Öffentliche Telefonzellen (vielfach nur für Karten) sind an der gesamten Küste ausreichend vorhanden. **Handybesitzer** können unbesorgt telefonieren, es existieren kaum Funklöcher.
Vorwahl Österreich: 00 43
Vorwahl Schweiz: 00 41
Vorwahl Deutschland: 00 49

Öffnungszeiten

Geschäfte: Im Allgemeinen öffnen die Geschäfte Mo–Fr zwischen 9 und 10 Uhr und schließen 18 oder 19 Uhr, in den größeren Städten auch erst 20 Uhr, Sa 14, 16 oder 18 Uhr. Sonn- und feiertags darf in den Ferienorten und in den Zentren der großen Städte von Feb. bis Nov. von 12 bis 18.30 Uhr geöffnet werden.
Restaurants: Die Öffnungszeiten richten sich oft nach dem Wetter und den Gästezählen. Im Winter bleiben manche Restaurants ganz geschlossen, andere nur für einige Wochen. Wer sicher gehen möchte, ob geöffnet ist, sollte sich vorher telefonisch erkundigen.
Museen: Die Museen haben meist am Montag geschlossen, einige sind nur von Frühjahr bis Herbst geöffnet.
Kirchen: In der Sommersaison stehen in vielen Ferienorten und in den Städten die Türen der Kirchen offen. Verbindliche Öffnungszeiten gibt es jedoch selten, denn die Betreuung erfolgt ehrenamtlich. Ist die Kirche verschlossen, ist man im Pfarramt meist bereit, Besuchern die Türe aufzuschließen.

Gesundheit

Die ärztliche Versorgung ist in allen Orten an der Ostsee hervorragend, neben vielen Ärzten gibt es auch zahlreiche Kur- und Wellnesseinrichtungen (s. S. 31). Auch Apotheken finden sich in jedem größeren Ort. Über Notdienste informieren die Lokalzeitungen und die Mitarbeiter an den Hotelrezeptionen.

Behinderte

Viele Ostseebäder haben behindertenfreundliche Strandzugänge, abgesenkte Bordsteine sowie Behindertentoiletten. Behindertengerechte Zimmer in Hotels sind vorhanden, viele Campingplätze sind behindertenfreundlich. Die Störtebeker-Festspiele in Ralswiek auf Rügen können von Rollstuhlfahrern besucht werden, der Tierpark Ueckermünde hat eine Rollstuhlfahrertoilette. Alle Fährschiffe zwischen Schaprode und Hiddensee sind behindertengerecht. Nähere Informationen erteilen Tourist-Informationen bzw. Kurverwaltungen, die auch Behindertenfahrdienste nennen (Weitere Infos: www.barrierefrei.m-vp.de).

Unterwegs an der Küste

Mit der Bahn

Zwischen Bad Doberan über Heiligendamm und Kühlungsborn dampft die **Kleinbahn ›Molli‹,** alle Züge nehmen Fahrräder mit. Auskunft: Mecklenburgische Bäderbahn Molli, Tel. 03 82 03/ 41 50, www.molli-bahn.de

Der **›Rasende Roland‹** auf Rügen verbindet Putbus (im Sommer ab Hafen Lauterbach) mit den Ostseebädern Binz, Sellin, Baabe und Göhren. Fahrräder werden stets befördert. Auskunft: Rügensche Kleinbahn, Tel. 0 38 31/8 01 12, www.rasender-roland.de

Auf **Usedom** fährt die **Bäderbahn** von der Grenze zu Polen bei Ahlbeck über Wolgast und Züssow bis nach Stralsund sowie zwischen Zinnowitz und Peenemünde. Auskunft: Usedomer Bäderbahn, Tel. 03 83 78/271 31, www.ubb-online.de

Mit dem Bus

Fast alle Orte an der Küste sind mit dem Linienbus erreichbar. Auch in die Orte auf der Halbinsel Fischland-Darß-Zingst besteht regelmäßiger Linienverkehr. Die Inseln Poel, Rügen und Usedom haben ebenfalls ein dichtes Busnetz, so dass es lohnt, den Pkw stehen zu lassen. Auf Hiddensee besteht keine Busverbindung, dort werden die Wege zu Fuß, per Fahrrad oder Kutsche zurückgelegt.

Mit dem Auto

Vorsichtiges Fahren erfordern die Alleen wegen der wechselnden Lichtverhältnisse. Der Ostteil des Zingstes gehört zum Nationalpark und darf mit dem Auto nicht befahren werden, auf Rügen sind die Zufahrt zum Kreidefelsen Königsstuhl, zum Kap Arkona und zum Jagdschloss Granitz für Autos gesperrt, autofrei ist Hiddensee.

Die **Wittower Autofähre** verbindet Zentral-Rügen mit der Halbinsel Wittow (Fahrdauer ca. 5 Min.). Sie verkehrt halbstündlich, in der Hochsaison besteht Pendelverkehr (April–Okt. 5.50–20.50 Uhr, Nov.–März bis 18.50 Uhr). **Autofähren** verkehren auch zwischen Warnemünde und Hohe Düne (Fahrdauer ca. 5 Min.), gefahren wird rund um die Uhr, tagsüber bei Bedarf alle 20 Min.

In allen Reisebüros sowie auch direkt über World of TUI Cars können **Mietwagen** für die Ostseeküste gebucht werden, Tel. 05 11/567 89 17, Tuicars@tui.de

Mit dem Schiff

Personenfähren zur Insel Hiddensee fahren von Schaprode (Rügen) ab, die Fahrt dauert ca. 45 Min. (s. S. 68), von Stralsund benötigt das Schiff ca. 130 Min. (s. S. 92). Über die Anzahl der mitzunehmenden Fahrräder entscheidet der Kapitän. Außerhalb des Fahrplans verkehren rund um die Uhr **Wassertaxis** zwischen Schaprode und Hiddensee für maximal 20 Personen pro Taxi: Tel. 01 71/6 42 80 21, 7 45 77 10, 7 45 77 13.

Rundfahrten

Von vielen Seebrücken wird zu Rundfahrten oder Touren in andere Orte oder zu Inseln abgelegt. Auch an der Bodden- und Haffküste werden Schiffsausflüge angeboten, so in Ahrenshoop-Althagen, Kamminke und Ueckermünde. In Rostock können Hafenrundfahrten gebucht werden, in Sassnitz Kutterfahrten zu den Kreidefelsen der Stubbenkammer. Fahrpläne und Ziele ändern sich oft.

Orte vo

Von Boltenhagen bis Ahlbeck bezaubern Ostseebäder mit dem Charme des 19. Jh. und gewähren traditionsreiche Hansestädte wie Wismar, Rostock und Stralsund einen Blick in die wechselvolle Geschichte. Nicht enden wollende Sandstrände, schroffe Steilküsten, Wieken und Bodden bieten ein einmaliges Naturerlebnis. Dieser Führer entlang der Ostseeküste von

n A bis Z

Mecklenburg und Vorpommern mit den Inseln Rügen, Hiddensee und Usedom gibt Ihnen in kompakter, überschaubarer Form nützliche Tipps und ausgesuchte Adressen an die Hand, damit Ihr Urlaub zum Erlebnis wird! Und dem, der in der nordöstlichsten Region Deutschlands Besonderes sehen und erkunden möchte, seien die fünf Touren empfohlen.

Ahlbeck (O 5)

›Badewanne der Berliner‹ wird das traditionsreiche Seebad auf Usedom, Deutschlands zweitgrößter Insel (3600 Ew.) genannt, weil vor allem diese in den 20er und 30er Jahren des 20. Jh. in Scharen anreisten. Die meisten der Hotels und Pensionen, in den letzten Jahren fast alle restauriert und modernisiert, zeigen sich im Stil der Bäderarchitektur. Die Strandpromenade führt über Heringsdorf bis nach Bansin.

Highlight 1

Seebrücke: Das einzige erhalten gebliebene historische Brückengebäude an der Ostseeküste Mecklenburg-Vorpommerns wurde zum Wahrzeichen der Insel Usedom. Seit 1993 hat die Brücke wieder einen 280 m weit ins Meer ragenden Anlegesteg für Schiffe.

Sehenswert

Heimatstube: Kurparkstr. 4 (in der Amtsverwaltung), Mo, Fr 8.30–12, Di 8.30–12, 13–18, Do 8.30–12, 13–15.30 Uhr.
Interessantes aus der Geschichte des Kurortes und der Entwicklung des Badelebens. Zu sehen im Erdgeschoss des einstigen, restaurierten Warmbades.

Sport & Strände

Baden: Ahlbeck besitzt einen 3,5 km langen weißen Sandstrand, er ist fast 70 m breit und verläuft flach ins Meer. Ruhiger zu geht es an dem Strandabschnitt in Richtung polnischer Grenze.

Erlebnisbad Ostseetherme: Lindenstr. 60 (an der B 111), Tel. 03 83 78/27 30, www.ostseetherme-kaiser baeder.de, tgl. geöffnet.
Subtropisches Badevergnügen für die ganze Familie unter einer gläsernen Sonnenkuppel. Sechs Schwimmbecken, davon fünf angereichert mit der Heringsdorfer Jodsole, ferner Wasserfall, Grotten-Rutsche, Saunen u. v. m. Von der Terrasse des Aussichtsturms, auf die ein Lift führt, bietet sich ein weiter Blick.

Tennis: Plätze befinden sich an der Straße nach Korswandt.

Minigolf: an der Strandpromenade.

Kutsch- und Kremserfahrten vermittelt die Kurverwaltung.

Tret- und Segelboote werden im 4 km entfernten Korswandt am Wolgastsee vermietet.

Feste & Unterhaltung

Ahlbecker Sommerfest: am 3. Juli-Wochenende.

Drachenfest (an einem Sa Mitte Sept.): Eine Gaudi für Groß und Klein ist – sofern der Wind kräftig bläst – dieses Fest der ›Ostseezeitung‹.

Tourist-Information: 17419 Seebad Ahlbeck, Dünenstr. 45, Tel. 03 83 78/2 44 97, Fax 03 83 78/ 2 44 18, www.DREI-Kaiserbaeder.de, ahlbeck@DREI-Kaiserbaeder.de

Villa Auguste Viktoria: Bismarckstr. 1-2,Tel. 03 83 78/24 10, Fax 03 83 78/2 41 44, www.auguste-viktoria.de, DZ/F ab 60 €.
Doppelvilla mit 11 geschmackvoll eingerichteten Zimmern und 6 Suiten.

Romantik Seehotel Ahlbecker Hof: Dünenstr. 47, Tel. 03 83 78/ 6 20, Fax 03 83 78/6 21 00, www.seetel.de, DZ/F ab 130 €.
Das Prunkstück auf Usedom: Der Ahlbecker Hof mit toller Wellnesslandschaft ist eines der zwei Fünf-Sterne-Hotels auf Deutschlands zweitgrößter Insel.

Alljährlich eine Gaudi für Groß und Klein: das Drachenfest in Ahlbeck

La Mer: Dünenstr. 19 (im Strandhotel Ahlbeck), Tel. 03 83 78/5 20, www.strandhotelahlbeck.de, tgl. geöffnet, Hauptgerichte 14–17 €. Mit dem Außenfahrstuhl geht es in das Panorama-Restaurant. Das Essen ist famos, die Weinkarte gut, der Blick fantastisch.

Fischers Fritz: Dünenstr. 39, Tel. 03 83 78/8 07 05, tgl. geöffnet, Hauptgerichte 8,50–14 €. Frischer Fisch, der gekocht, gedünstet und gebraten serviert wird.

Bahn: Die Usedomer Bäderbahn fährt in östlicher Richtung bis zur Grenze, in westlicher Richtung nach Peenemünde (umsteigen in Zinnowitz) und über Wolgast und Züssow bis Stralsund.

Bus: Verbindungen nach Usedom (Ort) sowie nach Heringsdorf, Bansin und Anklam.

Schiff: An der Seebrücke legen von Ende März bis Okt. tgl. Schiffe ins polnische Swinoujscie (Swinemünde) ab und mehrmals in der Woche nach den Usedomer Badeorten Bansin, Heringsdorf sowie Koserow.

Ziele in der Umgebung

Swinoujscie (Swinemünde, O 5/6): Der Grenzübergang (B 111) ist rund um die Uhr für Fußgänger und Radfahrer geöffnet, ein großer Parkplatz ist vorhanden. Die Usedomer Bäderbahn hält wenige Schritte vom Grenzübergang entfernt. Auf polnischer Seite stehen Pferdekutschen und Taxen.

Der einstige Hauptort der Insel Usedom gehört seit dem Ende des Zweiten

Weltkrieges zu Polen. Die Stadt ist durch die Swine geteilt, das Kurviertel liegt auf Usedom, während sich Hafen, Bahnhof und viele Wohnviertel auf der Insel Wollin befinden. Links und rechts der Swine sind die Reste von Festungsbauwerken für Touristen zugänglich gemacht worden. Sie entstanden Mitte des 19. Jh., wurden von den Nationalsozialisten ausgebaut und nach dem Zweiten Weltkrieg von den Sowjets genutzt (Sommer tgl. geöffnet). Der nahe Leuchtturm gehört mit seinen 68 m zu den höchsten noch in Funktion befindlichen an der Ostseeküste. Wer die 310 Stufen emporgestiegen ist, wird mit einem herrlichen Blick belohnt (tgl. geöffnet).

Ahrenshoop (G 3)

Ahrenshoop, ein stiller Ort auf dem Fischland ohne Hotels aus Glas und Beton (800 Ew.), prägt die landschaftsbezogene, kleingliedrige Bebauung mit Rohrdächern. Seinen Ruf als Künstlerkolonie begründeten Maler Ende des 19. Jh. Imponierend ist die Steilküste in Richtung Wustrow. Besonders idyllisch geht es am Saaler Bodden in den Orten Niehagen und Althagen zu (s. Tour 3, S. 112).

Sehenswert

Kunstkaten: Strandweg 1
Tel. 03 82 20/8 03 08,
www.kunstkaten.de
In dem 1909 eröffneten rohrgedeckten Haus sind wechselnde Ausstellungen zu sehen.

Neues Kunsthaus Ahrenshoop:
Bernhard-Seitz-Weg 3a,
Tel. 03 82 20/8 07 26,
www.neues-kunsthaus-ahrenshoop.de
Lesungen, Konzerte, Ausstellungen und ein kleiner Skulpturengarten.

Strandhalle: Dorfstr. 16b,
Tel. 03 82 20/8 25 22.
In dem kommunalen Gebäude werden Ausstellungen gezeigt, es ist Spielstätte des Musiksommers Mecklenburg-Vorpommern und Ort der Ahrenshooper Kunstauktion am 1. Sa im Aug.

Sport & Strände

Baden: Feiner Sandstrand, östlich und westlich des Ortes ist er nicht überlaufen, die Grenzen zwischen Textil- und FKK-Strand sind seit jeher fließend.

Einkaufen

Bunte Stube: Dorfstr. 24/ Strandweg. Seit 1929 ist das im Bauhausstil errichtete markante rot-weiße Gebäude ein Begriff. Hier gibt es Bücher, Kunsthandwerk, Schmuck und im Sommer auch wechselnde Kunstausstellungen.

Feste & Unterhaltung

Ahrenshooper Jazzfest (letztes Juni-Wochenende): ein Open-Air-Festival vor der Strandhalle und Jazz in allen Kneipen mit Bands aus Deutschland und anderen Ländern.

Tonnenabschlagen: am 3. So im Juli (s. S. 20).

Kurverwaltung: 18347 Ahrenshoop, Kirchnersgang 2,
Tel. 03 82 20/66 66 10,
Fax 03 82 20/66 66 29,
www.ostseebad-ahrenshoop.de,
info@ostseebad-ahrenshoop.de

Elisabeth von Eicken:
Dorfstr. 39, Tel. 03 82 20/69 90, Fax 03 82 20/6 99 24,
www.elisabeth-von-eicken.de,
DZ/F ab 70 €.
Sechs Zimmer, ein jedes wurde von einem anderen Künstler gestaltet. In der dazugehörigen Galerie wechselnde

Ausstellungen. Die Küche stellt auch anspruchsvolle Gäste zufrieden.

Landhaus Morgensünn: Bauernreihe 4b, Tel. 03 82 20/64 10, Fax 03 82 20/6 41 26, www.landhaus-morgen suenn.de, DZ/F ab 70 €.

In dem wunderschön zum Bodden hin gelegenen Hotel garni mit 17 Zimmern befindet sich ein Schwimmbad mit Gegenstromanlage und Whirlpool. Angeschlossen sind die benachbarten reizvollen Hotels Haus Strandgut mit 7 Ferienwohnungen und das Landhaus Susewind mit 4 Zimmern und 8 Appartements.

Upstalsboom Hotel Ahrenshoop: Bauernreihe 10, Tel. 03 82 20/ 6 16 00, Fax 03 82 20/6 16 66, www.upstalsboom.de, DZ/F ab 72 €. Das rohrgedeckte Haus mit 51 Zimmern wird nur durch eine große Wiese vom Saaler Bodden getrennt.

Café Namenlos: Dorfstr. 44, Tel. 03 82 20/60 60, www. hotel-namenlos.de, tgl. geöffnet, Hauptgerichte 9,50–22 €. Gourmetführer haben das Restaurant schon vielfach gelobt. Eine Delikatesse ist das Lachs-Zander-Duett im Strudel

Kilometerlange Strände erstrecken sich jenseits des Steilufers von Ahrenshoop

Mit dem Zeesenboot über die Bodden

Die 10–12 m langen, flach gehenden Zeesenboote sind an ihren malerischen braunen Segeln zu erkennen. Jahrhundertelang bestimmten die zweimastigen dickbauchigen Schiffe das Bild der Küstengewässer. Von Frühling bis in den späten Herbst hinein waren die Fischer mit der Zeese unterwegs, einem über den Grund geschleppten Netzsack, der quer in Richtung von Backbord nach Steuerbord durch das Wasser gezogen wurde. Mit dem Niedergang der Strandfischerei sank auch die Zahl der Zeesenboote. Die letzten von ihnen wurden liebevoll restauriert und laden Touristen zu Kurz- oder Tagestouren ein. Vom **Ahrenshooper Hafen Althagen** startet das 1912 erbaute Zeesenboot ›Sannert‹ nachmittags zu Törns auf dem Saaler Bodden (Tel. 03 82 20/69 46, www.Raeucherhaus.net). Auf Rügen segelt das Boot ›Schwat Johann‹ vom **Bollwerk Baabe** los (Tel. 03 83 93/1 36 20) und vom kleinen **Mönkebude** westlich von Ueckermünde bricht das Zeesenboot ›Romantik‹ zu Fahrten auf dem Stettiner Haff auf.

mit Hummersauce an Zuckerschoten zu 18,50 €.

Räucherhaus Schönthier: Am Althäger Hafen, Tel. 03 82 20/69 46, www.raeucherhaus.net, im Winterhalbjahr Mi geschl., Hauptgerichte 11–17,50 €.
Fisch, Fisch, Fisch – z. B. gebratene Ostseeheringe oder Aal grün.

Bus: Verbindungen nach Wustrow, Dierhagen, Ribnitz-Damgarten, Prerow, Zingst und Barth. Die Busse haben in den Sommermonaten teilweise Fahrradanhänger.

Ziele in der Umgebung

Born (G 3): Der kleine 8 km entfernte Erholungsort liegt auf der Boddenseite des Darßes. Das Sommertheater (Chausseestr. 75) bietet in der Hauptsaison tgl., in der Vor- und Nachsaison am Wochenende, Theater und Kabarett sowie Konzerte. Im Café Ton Art werden bei schöner Musik Kaffee und Tee serviert, an warmen Tagen auch im Freien (Chausseestr. 58, April–Okt. Di–So 13–19 Uhr).

Anklam (M 6)

Am Südufer des Flüsschens Peene liegt die alte Hafenstadt (16 000 Ew.), die zeitweise auch Mitglied der Hanse war. Durch den Fernhandel vermögend gewordene Kaufleute ließen hier prachtvolle Bauten errichten. Doch davon hat der Bombenhagel im Zweiten Weltkrieg wenig übrig gelassen. An die Verwüstungen erinnert noch die gotische Nikolaikirche. Auch das Geburtshaus des Flugpioniers Otto Lilienthal wurde zerstört. Doch Lilienthal ist nicht vergessen: Eine Büste an der Stelle seines Geburtshauses in der Peenestraße und ein Denkmal am Rand des Marktplatzes erinnern an ihn.

Sehenswert

Otto-Lilienthal-Museum:
Ell-bogenstr. 1, www.lilienthal-museum.de, Mai–Sept.
Di–Fr 10–17, Sa, So 14–17 Uhr, Okt.–April Di–Fr 10–16 Uhr.
Interessantes über den Flugpionier (1848–96). Ein Museum zum Anfassen und Ausprobieren, zu sehen sind Mo-

delle und flugfähige Kopien sowie Trainingsgeräte.

Tourist-Information: 17389 Anklam, Markt 3, Tel. 0 39 71/ 83 51 54, Fax 0 39 71/83 51 75, www.anklam.de, info@anklam.de

Landhotel Rittergut Bömitz: 17390 Bömitz (12 km nördlich von Anklam), Dorfstr. 14, Tel. 03 97 24/2 25 40, Fax 03 97 24/ 2 25 41, www.landhotel-boemitz.de, DZ/F ab 56 €.
Das historische Herrenhaus mit Parkanlage bietet 18 Zimmer im Landhausstil, Kutsch- und Kremserfahren sowie Pferdeboxen.
Hotel Am Stadtwall: Demminer Str. 5, Tel. 0 39 71/83 31 36, Fax 0 39 71/ 83 31 37, www.hotel-am-stadtwall.de, DZ/F 72 €.
Der Backsteinbau des historischen Warmbades in zentraler Lage wurde zu einem Hotel garni mit großen Zimmern umgebaut.

Dabers: Mägdestr. 1, Tel. 0 39 71/24 31 73, So abends geschl., Hauptgerichte 7–13 €.
Das Restaurant hinter der Marienkirche wartet mit einer soliden Küchenleistung auf. Als Spezialität des Hauses gelten die Lammbratwürstchen mit Wirsing-Birnen-Gemüse und Rahmkartoffeln zu 9,70 €.
Gutshaus Stolpe: 17391 Stolpe (9 km westlich von Anklam), Dorfstr. 37, Tel. 03 97 21/55 00, www.gutshaus-stolpe.de, nur abends geöffnet, Mo geschl., 4-Gang-Gourmetmenü ab 45 €, Hauptgerichte ab 20 €.
Wer in der Region vor Usedom gut essen möchte, ist in dem Restaurant des Gutshauses Stolpe gut bedient. Obwohl abseits der Touristenströme gelegen, haben es fast alle Gourmetführer entdeckt.

Bahn: Verbindungen nach Greifswald und Stralsund.
Bus: Linien zur Insel Usedom, nach Greifswald sowie nach Demmin, Wolgast und Ueckermünde.

Ziele in der Umgebung

Usedom (N 6): Das beschauliche Städtchen, etwa 20 km von Anklam auf der B 109/110 zu erreichen, gab Deutschlands zweitgrößter Insel den Namen. Auf dem Schlossberg erinnert seit 1928 ein mächtiges Granitkreuz an die Annahme des Christentums durch die Slawen. Die Naturparkausstellung – im alten Bahnhof eingerichtet, an dem seit Ende des Zweiten Weltkrieges kein Zug mehr gehalten hat – zeigt Interessantes über Moor und Seen, Ornithologie, Naturschutz und Inhalte des Naturparks Usedom (Bäderstr. 5, www.naturparkinsel-usedom.de, Mai–Sept. Mo–Do 10–18, Sa 10–15 Uhr, Okt.–April Mo–Do 10–16 Uhr).

Baabe (M 3)

Der stille, familienfreundliche Badeort auf Rügens Halbinsel Mönchgut (900 Ew.) ist von Laub- und Nadelwald umgeben, im Westen dehnt sich der Selliner See aus. Typisch für Baabe sind kleine Pensionen und Hotels sowie die breite, zum Strand führende Allee. Die 5 km lange Strandpromenade führt nach Göhren bzw. nach Sellin (s. Tour 5, S. 117).

Sehenswert

Mönchguter Küstenfischermuseum: Bollwerk-/Ecke Dorfstr.

Mehrere Boote sowie Arbeitsgeräte der Fischer sind in dem kleinen, jederzeit zugänglichen Freilichtmuseum zu sehen.

Sport & Strände

Baden: Baabe besitzt einen breiten Sandstrand, der flach ins Wasser abfällt.

Ausgehen

Bierbar Unter Deck: Sandstr. 18, Mi–So ab 20 Uhr.
Treff von Einheimischen und Gästen, an kühlen Tagen gibt es Grog und Glühwein zum Aufwärmen.

Feste & Unterhaltung

Mittsommerfest (3. Juni-Wochenende): Viel Trubel am Strand und zum Abschluss ein Feuerwerk.
Fischerfest (3. Aug.-Wochenende): Musik, Tanz, Handwerker und viel Fisch zum Essen.

Kurverwaltung: 18586 Baabe, Fritz-Worm-Str. 1, Tel. 03 83 03/14 20, Fax 03 83 03/ 1 42 99, www.baabe.de, Kvbaabe@t-online.de

›Schnitzeljagd‹ für hungrige Mäuler

Das **Ostseehotel** in Baabe lädt jeden Montag ab 17 Uhr zur so genannten Schnitzeljagd ein. Jeder Gast kann für nur 5,55 € so viele Schnitzel essen, wie er mag – und kann. Jeden Mittwoch ab 16 Uhr wird übrigens zum Spaghetti-Essen mit vier verschiedenen Saucen eingeladen. Für 4,44 € kann dann ebenfalls nach Herzenslust gegessen werden (Dorfstr. 2, Tel. 03 83 03/12 84 00, www.ostseehotel-baabe.com).

Feriendorf Siesta: Am Fuchsloch 26, Tel. 03 83 03/8 74 10, Fax 03 83 03/8 79 84, www.feriendorf-siesta-ruegen.de, Ü ab 12 €.
Die Unterkünfte 200 m vom Strand entfernt für zwei bis fünf Pers. sind spartanisch eingerichtet, dafür aber preiswert.
Hotel Strandpavillon: Strandstr. 37, Tel. 03 83 03/1 83, Fax 03 83 03/ 8 60 01, www.strandpavillon.info.de, DZ/F ab 52 €.
Ein historisches, völlig restauriertes und modernisiertes Haus. Mit 30 m^2 besonders groß sind die Zimmer im neuen ›Gartenhaus Strandpavillon‹.
Solthus am See: Bollwerkstr. 1, Tel. 03 83 03/8 71 60, Fax 03 83 03/ 87 16 99, www.solthus.de, DZ/F ab 115 €.
Das Haus mit tollem Wellnessbereich stellt auch anspruchsvolle Gäste zufrieden. Es liegt abseits der Touristenmeile in ruhiger Lage an der Having.

Böhmische Schenke: Strandstr. 1, Tel. 03 83 03/8 73 86, Mo geschl., Hauptgerichte 7,50–11,50 €.
Schmäckerchen aus Böhmen und dazu das gute tschechische Bier Krusovice.
Teestube Baabe: Strandstr. 30, Tel. 03 83 03/1 21 71, Mo.geschl.
Die Auswahl an Tees ist mit mehr als drei Dutzend groß, Kaffeetrinker sind ebenfalls herzlich willkommen. Im Angebot sind auch Kuchen und kleine Speisen.

Bahn: Die Schmalspurbahn ›Rasender Roland‹ fährt nach Göhren und Sellin, Binz, Putbus und von Mitte April–Okt. weiter bis zum Hafen von Lauterbach.
Bus: Linien nach Sellin, Bergen sowie nach Binz, Sassnitz und nach Gager, Thiessow und Klein Zicker.

Eines der schönsten Bauten deutscher Backsteingotik: das Münster Bad Doberan

Bad Doberan (E 5)

Bad Doberan war die Sommerresidenz der mecklenburgischen Großherzöge, am Heiligen Damm stiegen die Herrschaften und ihre Gäste im Badekarren ins Wasser (s. Tour 4, S. 114). In Doberan (11 500 Ew.) erinnern noch mehrere historische Häuser an die einstige Glanzzeit, im 8 km entfernten Heiligendamm ist man dabei, diesen Glanz wieder zu gewinnen. Das Seebad ist ein Ortsteil von Doberan, verbunden sind sie durch eine der schönsten Alleen der Ostseeküste.

2

Highlight

Münster:
www.muenster-doberan.de,
Mai–Sept. Mo–Sa 9–18, So, Feiertage 11.30–18 Uhr,
Nov.–Feb. Di–Sa 10–16, So, Feiertage 11.30–16 Uhr sowie März, April, Okt. Mo–Sa 10–17, So 11.30–17 Uhr.

Das Bad Doberaner Münster ist eines der prachtvollsten Baudenkmäler deutscher Backsteingotik, 56 Mitglieder des Schweriner Fürstenhauses liegen hier begraben. Das im 14. Jh. fertig gestellte Gotteshaus besitzt die reichste Ausstattung aller norddeutschen Kirchen und die reichste aller Zisterzienserkirchen in Europa, darunter der Hochaltar von 1310 sowie prunkvolle Grabmonumente. Zur Besichtigung des Münsters wird Eintritt erhoben. Das ist keine Idee eines Finanzbeamten unserer Tage, das hat bereits der Großherzog vor rund 100 Jahren eingeführt.

Sehenswert

Ehm-Welk-Haus: Dammchaussee 23, Di–Fr 10–12, 13–16, Sa 14–17, Juni–Aug. auch So 14–17 Uhr.
Das Wohn- und Arbeitshaus des Autors (1884–1966) der berühmten ›Kummerow‹-Bücher.

Heiligendamm: ›Weiße Stadt am Meer‹ – diesen Beinamen trägt Heiligendamm wegen seiner weißen klassizistischen Bauwerke. Es ist Deutschlands ältestes Seebad, wer seinerzeit etwas auf sich hielt, reiste hierher zur Sommerfrische: Königin Luise von Preußen und Zar Nikolaus I., Wilhelm von Humboldt, Rainer Maria Rilke und Felix Mendelssohn-Bartholdy. Nach jahrelangem Verfall und Leerstand kehrt der alte Glanz wieder zurück, Heiligendamm soll eines der exklusivsten Seebäder Europas werden. Mit dem im Sommer 2003 eröffneten Kempinski Grand Hotel, das unter Federführung des amerikanischen Stararchitekten Robert A. M. Stern entstand, wurde der Anfang gemacht.

2007 werden sich in Heiligendamm die Staats- und Regierungschefs der acht führenden Industrienationen zum G8-Gipfel treffen.

Sport & Strände

Reiten: Gut Vorder Bollhagen, Tel. 03 82 03/7 74 75.
Ponyreiten für Groß und Klein, Ausritte am Meer und in den Wald, Dressur- und Springreiten, aber auch Kutsch- und Planwagenfahrten.

Feste & Unterhaltung

Stadtfest: Letztes Juni-Wochenende. Die **Orgelkonzerte** von Mai–Sept. im Münster sind ein Kunstgenuss.
Pferderennbahn: westlich der Straße Bad Doberan – Heiligendamm.
1823 fand auf der ersten Pferderennbahn auf dem europäischen Kontinent das erste Rennen statt. Nach der Einheit wieder eröffnet, wird heute im Sommer erneut um die Wette galoppiert.

Tourist-Information: 18209 Bad Doberan, Alexandrinenplatz 2, Tel. 03 82 03/6 21 54, Fax 03 82 03/7 70 50, www.bad-doberan.de, www.heiligendamm.de, touristinfo@bad-doberan.de

Am Fuchsberg: Am Fuchsberg 7a, Tel. 03 82 03/ 6 34 74, Fax 03 82 03/6 32 52, www.pensionamfuchsberg.de, DZ/F ab 46 €.
Kleine ruhig gelegene Pension mit familiärer Atmosphäre am Stadtrand, große Sonnenterrasse. Besonders beliebt sind die Giebelzimmer Nr. 5 und 6.
Gut Klein Bollhagen: Fulgenweg 3, 18209 Klein-Bollhagen, Tel. 08 00/ 5 32 36 26, Fax 0 40/4 10 19 58, www.landlebenammeer.de, FH ab 90, DZ ab 110 €.
Der über hundertjährige Gutshof, 6 km von Heiligendamm entfernt, wurde liebevoll restauriert. Es stehen drei Ferienhäuser, im Haupthaus ein Appartement und fünf Zimmer zur Verfügung.
Romantik-Hotel Friedrich-Franz-Palais: Am Kamp, Tel. 03 82 03/ 6 30 36, Fax 03 82 03/6 21 26, www.friedrich-franz-palais.de, DZ/F ab 70 €.
Wohnen und essen in dem 1793 erbauten, modernisierten herzoglichen Palais.
Kempinski Grand Hotel: in Heiligendamm, Tel. 03 82 03/ 74 00, Fax 03 82 03/74 74, www.kempinski-heiligendamm.de, DZ/F ab 250 €.
Fünf denkmalgeschützte weiße Gebäude sowie ein dem Stil angepasster Neubau – Grand Hotel, Kurhaus, Severin Palais, Haus Mecklenburg, Burg Hohenzollern und Orangerie – bilden das Grand Hotel mit 225 Zimmern und Suiten. Alle sind zeitgenössisch elegant eingerichtet mit handgefertigten Möbeln und mit modernster Technik ausgestattet, vom Internetanschluss bis

zum DVD-Player. Der 3000 m² große Spa- und Beautybereich mit Schwimmbad dürfte keinerlei Wünsche offen lassen.

Münsterstuben: Beethovenstr. 19, Tel. 03 82 03/6 23 84, Hauptgerichte 5–13 €.
Essen wie bei Muttern. Gemütliches, aus vier kleinen Zimmern bestehendes Restaurant.
Weißer Pavillon: Auf dem Kamp, Tel. 03 82 03/6 23 26, www.weisser-pavillon.de, tgl. geöffnet, Hauptgerichte 4,70–11,50 €.
Regionale Küche, Kuchen, Torten und Eis in dem rund 200 Jahre alten historischen Pavillon. Von den Gästen gern bestellt wird die gebratene Warnemünder Kutterscholle.

Bahn: Regionalzüge fahren nach Rostock, Stralsund, Neubukow und Wismar. Die Kleinbahn ›Molli‹ verbindet Bad Doberan mit den Seebädern Heiligendamm und Kühlungsborn.
Bus: Verbindungen nach Rostock, Warnemünde, Rerik, Neubukow und Kühlungsborn.

Bansin (N 5)

Die vielen kleinen Hotels und Pensionen wurden, wie auch in den anderen Orten auf Usedom, seit der Einheit aufwendig restauriert und modernisiert. Die 1994 fertig gestellte Seebrücke führt 285 m weit aufs Meer. Der Schloonsee zieht sich bis in den Ort (2400 Ew.) hinein, im reizvollen Hinterland liegen der Kleine und der Große Krebssee, der Gothensee und der Schmollensee.

Sehenswert

Gedenkatelier Rolf Werner: Seestr. 60, Führungen tgl. 11 Uhr, Di, Do, Sa/So auch 14.30 und 18 Uhr.
Mehr als drei Jahrzehnte hat Rolf Werner (1916–89) in Bansin gelebt und gemalt. Sein Atelier wurde Museum.
Tropenhaus: Goethestr./Kirchstr., tgl. 10–18 Uhr.
Exotische Tiere, Attraktion sind die putzmunteren Rhesusaffen. Die kleinsten Besucher zieht es vor allem zum Streichelzoo.

Sport & Strände

Baden: Bansin hat einen 60 m breiten und 1,3 km langen Sandstrand, der bei ruhiger See sehr gut für Kinder und Nichtschwimmer geeignet ist.
Ruderboote und Tretboote stehen zum Mieten bereit, auch am 2 km entfernten Großen Krebssee.
Tennisplätze sind im Kurpark vorhanden.
Kutsch- und Kremserfahrten vermittelt die Kurverwaltung.
Golf: Im Golfpark Balm, an der 10 km entfernten Balmer Bucht, befinden sich

Strandkörbe

Sie gehören in allen Ostseebädern von Mai bis Anfang Oktober zum Strandbild. Die Vermietung erfolgt am Strand, viele Hotels und Pensionen haben eigene Strandkörbe, bereits bei der Zimmerbuchung kann die Reservierung erfolgen, der Preis beträgt in den Ferienmonaten maximal 10 € pro Tag. Wer die Strandbereiche außerhalb der Orte aufsucht, ist mit einem Windschutz gut beraten, die es fast immer vor Ort zu kaufen gibt.

Zeesenboote im Hafen von Barth

ein 18-Loch-Golfplatz und ein 6-Loch-Kurzplatz.

Ausgehen

Atlantic Pub: Strandpromenade 18 (Eingang Bergstr.), tgl. geöffnet.
Der abendliche Treff der Bansiner und ihrer Gäste. Die gemütliche, in englischem Stil eingerichtete Kneipe ist mit Originalstücken aus alten Schiffen ausgestattet.

Tourist-Information: 17429 Seebad Bansin, An der Seebrücke (im Haus des Gastes), Tel. 03 83 78/4 70 50, Fax 03 83 78/ 47 05 15, www.DREI-Kaiserbaeder.de, bansin@DREI-Kaiserbaeder.de

Villen im Park: Seestr. 55–59, Tel. 03 83 78/4 70 00, Fax 03 83 78/ 4 70 03 33, www.ancon-hotels.de, DZ/F ab 60 €.
Fünf 3- und 4-Sterne-Hotels mit Lesecafé, Weinkeller, Bar sowie Beauty- und Wellnessbereich inmitten einer großen Parkanlage.

Romantik Strandhotel Atlantic: Strandpromenade 18, Tel. 03 83 78/ 6 05, Fax 03 83 78/6 06 00, www.seetel.de, DZ ab 90 €.
Klein, fein und in bester Lage. Das Schwimmbad und die Kegelbahn erfreuen sich bei den Gästen großer Beliebtheit.

Zur alten Post: Seestr. 5 (im Kaiser-Spa Hotel zur Post), Tel. 03 83 78/5 60, www.hp-usedom.de, nur abends, Hauptgerichte 16–22 €.
Hier zu speisen bereitet Vergnügen. Fundierte Kochkunst mit originellen Einfällen.

Mudder-Schulten-Stuben: Strandpromenade 36/37 (im Promenadenhotel Admiral), Tel. 03 83 78/6 60, www.ti-bansin.de, tgl. geöffnet, Hauptgerichte 10,50–15 €.
Was Fischer Eddi von nebenan am Morgen fängt, wird in dem rustikalen Restaurant mittags und abends aufgetischt. Regionale Küche, auf der Karte in ›Pommersch Platt‹ präsentiert.

Bahn: Mit der Usedomer Bäderbahn nach Ahlbeck und weiter bis zur polnischen Grenze sowie nach Peenemünde (in Zinnowitz um-

steigen) und über Wolgast und Züssow bis Stralsund.
Bus: Verbindungen nach Heringsdorf, Ahlbeck und Usedom sowie nach Korswandt, Dargen und Benz.

Barth (H 3)

Die kleine, liebenswerte Stadt am südlichen Ufer des Barther Boddens bildet das östliche Tor zur Halbinselkette Fischland-Darß-Zingst. Rings um den Markt hat sich die kleinstädtische Bebauung erhalten, die Straßenführung ist seit Jahrhunderten unverändert. Die Zufahrt zur Ostsee macht Barth mit seinem modernisierten Hafen zu einem interessanten Anlaufpunkt für Wassersportfreunde.

Deutschlandweit in die Schlagzeilen kam die Stadt (10 100 Ew.), als 1998 die These aufgestellt wurde, das legendäre Vineta, auch ›Venedig des Nordens‹ genannt, sei in der Region um Barth versunken. Der Sage nach soll im Jahr 1000 eine furchtbare Sturmflut die einst schönste und reichste Stadt im Lande ins Meer gerissen haben – zur Strafe ihrer hochmütigen und gottlosen

Bewohner. Ob Vineta wirklich nahe Barth oder – so weiß eine andere Legende – vielmehr vor der Küste von Koserow (s. S. 69) im Meeresgrund liegt, bleibt bis auf weiteres ungewiss.

Sehenswert

Vineta-Museum: Lange Str. 16, www.vineta-museum.de, Di–Sa 10–12, 13–17, So 14–17 Uhr.
Interessantes über die sagenhafte, vom Meer verschlungene Stadt Vineta, über den Seeräuber Störtebeker und weitere Legenden im Ostseeraum.

Niederdeutsches Bibelzentrum: Sundische Str. 52, Tel. 03 82 31/ 7 76 62, www.bibelcentrum.de, Di–So 10–18 Uhr.
Der Weg der Bibel durch die Jahrhunderte in der 700 Jahre alten Hospitalkirche St. Jürgen. An einer Gutenberg-Buchdruckerpresse dürfen die Besucher selbst drucken.

Feste & Unterhaltung

Barther Segel- & Hafentage (letztes Juli-Wochenende): maritimes Flair.

Windsbraut- & Klaubautermann-geschichten (Juli/Aug.): im Barther Hafen, Tel. 0 39 81/2 39 30, www.klabautermanngeschichten.de
Open-Air-Spektakel mit Musik, Tanz und pyrotechnischen Effekten.

Barth-Information: 18356 Barth, Lange Str. 16, Tel./Fax 03 82 31/24 64, www.stadt-barth.de, info@stadt-barth.de

Ringhotel Speicher Barth: Am Osthafen 2, Tel. 03 82 31/ 6 33 00, Fax 03 82 31/6 34 00, www.speicher-barth.de, DZ/F ab 85 €.
Ein alter, ausgedienter Getreidespeicher wurde zu einem schicken Hotel umgestaltet, mit Sauna, Whirlpool und Fitnessraum. Die Architekten haben die ursprüngliche Speicherfunktion weitgehend erhalten, es sind naturbelassene Holzwände ebenso zu sehen wie hundertjährige Ziegelsteine.

Hotelrestaurant Speicher Barth: Am Osthafen 2 (im gleichnamigen Hotel, s. o.), tgl. geöffnet, Hauptgerichte 7–21 €.
Die ambitionierte Küche verarbeitet vorwiegend Produkte aus regionalem biologischem Landbau. Im Wintergartenvorbau mit Blick auf den Hafen schmeckt es besonders gut.

Sur la Mer: Am Westhafen 24, Tel. 03 82 31/7 75 36, www.sur-la-mer.de, tgl. geöffnet, Hauptgerichte 7,50–18 €.
Ein frisches Angebot von regionalen Gerichten bis hin zur mediterranen Küche.

Bahn: Züge fahren nach Stralsund und Greifswald.
Bus: Verbindungen nach Zingst, Prerow, Ahrenshoop, Wustrow, Dierhagen und Ribnitz-Damgarten.

Bergen (K 2)

Das Verwaltungszentrum von Rügen (16 000 Ew.) liegt genau in der Inselmitte. Der Name wurde treffend gewählt: Zum Marktplatz geht es bergauf. Die Häuser überragt die Marienkirche, eine der schönsten Backsteinkirchen des dänisch-norddeutschen Raums, die dem Lübecker Dom nachempfunden wurde (s. Tour 5, S. 117).

Sehenswert

Ernst-Moritz-Arndt-Turm: Mai–Okt. tgl. 10–18 Uhr, Nov.–April Mi–So 10–16 Uhr.

Vom 27 m hohen Backsteinturm auf dem Rugard hat man einen herrlichen Blick über die Insel.

Sport & Strände

Freizeitzentrum Tiet un Wiel: in Samtens, Bergener Str. 1, Tel. 03 83 06/22 20, www.tiet-un-weil.de
Auf der B 96 sind es 8 km bis zum Freizeitzentrum mit Drei-Felder-Tennishalle, Badminton auf fünf Feldern, Squash auf vier Courts, Klettern an einer 250 m² großen Wand, Kegeln, Bowling, Schwimmbad und vielem mehr.

Feste & Unterhaltung

Cine Center Rügen: Ringstr. 140, Ticket-Hotline: Tel. 0 38 38/20 21 22.
Das einzige Großraumkino auf Rügen mit sechs Sälen.

Tourist-Information: 18528 Bergen, Am Markt 23, Tel. 0 38 38/81 12 06, Fax 0 38 38/81 11 27, www.stadt-bergen-auf-ruegen.de, touristeninformation@stadt-bergen-auf-ruegen.de

Romantikhotel Kaufmannshof: Bahnhofstr. 6–7, Tel. 0 38 38/8 04 50, Fax 0 38 38/80 45 45, www.romantikhotels.com/ruegen, DZ/F ab 90 €.
Der 1906 vom Großvater eröffnete Kolonialwarenladen muss Uwe Hermerschmidt beeindruckt haben. Er stand deshalb Pate für den Namen und das Ambiente des Hotels mit 18 Zimmern.
Schlosshotel Ralswiek: in Ralswiek (8 von Bergen entfernt), Tel. 0 38 38/31 34 43, Fax 0 38 38/2 03 22 22, www.schlosshotel-ralswiek.de, DZ/F ab160 €.
Hotel in Neorenaissanceschloss mit 65 Zimmern und Wellnessbereich.

Das Kontor: Bahnhofstr. 6–7 (im Hotel Kaufmannshof, s. o.), tgl. geöffnet, Hauptgerichte 10–20 €. Das Restaurant ist einem Kontor von vor 100 Jahren nachempfunden. Sehr zu empfehlen ist das Rinderfilet mit Steinpilzen, Pfeffersauce und Gratin.
Puk up´n Balken: Bahnhofstr. 65 (in der Passage am Brinken), Tel. 0 38 38/25 72 73, www.puk-bergen.de, tgl. geöffnet, Hauptgerichte 5–12 €.
Urgemütliche Schänke, in der rustikale Speisen serviert werden.

Regionalbahn nach Samtens, Rambin, Altefähr, Stralsund, Lietzow, Sagard und Sassnitz, Prora und Binz, nach Putbus und Lauterbach.
Bus: Busse fahren in alle Richtungen Rügens sowie nach Stralsund.

Ziele in der Umgebung

Gingst (K 2): Gingst, etwa 10 km nordwestlich von Bergen, besitzt mit der St. Jakobikirche das zweitgrößte Gotteshaus der Insel. Im Rügen Park Gingst sind Dutzende von bedeutenden Bauwerken aus aller Welt im Maßstab 1:25 zu sehen. Rügen wurde in der Größe 100 x 70 m nachgebildet (www.ruegenpark.de, Mai–Okt. tgl. 9–18 Uhr).

Binz (L 3)

Binz ist mit 5600 Einwohnern der größte Badeort auf Rügen, seine Lage an der Prorer Wiek sowie die umliegenden Wälder Schmale Heide und Granitz haben ihn auch zum beliebtesten gemacht. Den Blickpunkt an der Strandpromenade bildet das Kurhaus, das nach umfangreicher Restaurierung Anfang 2002 wieder als Hotel öffnete. In der Nähe entstand 1994 die 370 m lange Seebrücke (s. Tour 5, S. 115). Im Sommer 2003 öffnete am Schmachter See als Außenprojekt der Internationalen Gartenbauausstellung (iga) der ›Park der Sinne‹. Fernab vom Trubel am Strand kann man sich hier unter anderem vom Duft der Blüten, dem Geplätscher der Brunnenanlage sowie dem Rosen-, dem Irr- und dem Duftgarten inspirieren lassen.

Sehenswert

Fälschermuseum: Margaretenstr. 20, April–Okt. Di–So 10–18 Uhr, Nov.–März Mi 11–16 Uhr.
Die hundert teuersten Gemälde der Welt sind hier zu bewundern und zu kaufen – freilich als Fälschungen, handgemalt von den besten Meistern dieser Zunft. Unter 2500 € ist kaum eines der Bilder zu haben.

Sport & Strände

Baden: Binz besitzt einen breiten, feinen 5,5 km langen Sandstrand, der allerdings stark frequentiert ist. Wen die Ruinen von Prora (s. ›Ziele in der Umgebung‹) nicht stören, der legt sich dort an den Strand, kostenlose Parkplätze sind vorhanden.
Am Binzer Strand gibt es mehrere **Volleyballfelder**, außerdem **Tretbootverleih, Wasserski, Banane-Reiten.**
Binz-Therme: Strandpromenade (im Seehotel Binz-Therme Rügen).
Mineralisierte jod- und fluorhaltige Thermalsole. Das 35° C warme Thermalwasser sprudelt aus einer Tiefe von 1222 m.
Erlebnisbad Vitamar: Dünenstr.
1500 m^2 große Badelandschaft mit Whirlpool, Erlebnisgrotten und vielem mehr.
Tennisplätze: am Klünderberg
Minigolf: an der Strandpromenade Richtung Prora im IFA-Ferienpark.

Ausgehen

Villa Salve: Strandpromenade 41.
Die Cocktailbar, wo Bernd Beyer hervorragende Drinks mixt, ist zu später Stunde beliebter Treff. An den Wochenenden Live-Musik.

Feste & Unterhaltung

Strandkorbfest: 3. Mai-Wochenende.
Sommerfest: an einem Wochenende im Aug.
Tour d'Allee (Mitte Okt.): eine traditionsreiche Rad-Sternwanderung mit prominenten Radsportlern, die in Binz endet.

Kurverwaltung: 18609 Binz, Heinrich-Heine-Str. 7, Tel. 03 83 93/14 81 48, Fax 03 83 93/ 14 81 45, www.ostseebad-binz.de, KV-Binz@t-online.de

Villa Schwanebeck: Margaretenstr. 18, Tel. 03 83 93/ 20 13, Fax 03 83 93/3 17 34, www.binzruegen.de, DZ/F ab 55 €.
Kleines, familiäres Hotel mit geräumigen Zimmern in Strandnähe.
Vier Jahreszeiten: Zeppelinstr. 8, Tel. 03 83 93/5 00, Fax 5 04 30, www.vier-jahreszeiten.de/binz, DZ/F ab 95 €.
In dem Fünf-Sterne-Hotel sind die Gästezimmer mit Stilmöbeln eingerichtet, das Restaurant ›Orangerie‹ wird seiner ambitionierten Küche wegen gelobt.
Meersinn: Schillerstr. 8, Tel. 03 83 93/ 66 30, Fax 03 83 93/6 63 23, www.meersinn.de, DZ/F ab 96 €.
Das neue Hotel ist ein moderner Kontrast zur Binzer Bäderarchitektur. Die Zimmer sind ausgestattet mit CD- und DVD-Player, Flachbildschirmfernseher und Internetzugang. Wellnessbereich mit Hallenbad.

Trutziges Bauwerk unweit von Binz: Jagdschloss Granitz

Panorama-Dachrestaurant: Strandpromenade 59 (im Rugard Strandhotel), Tel. 03 83 93/5 60, www.hotel-arkona.de, tgl. geöffnet, Hauptgerichte 13–20 €.
Mit dem gläsernen Außenaufzug zur schönsten Aussicht, die ein Restaurant auf Rügen zu bieten hat.
Poseidon: Lottumstr. 1, Tel. 03 83 93/26 69, www.ruegen-schewe.de, tgl. geöffnet, Hauptgerichte 9,50–17 €.
Erstaunlich, wie lange sich das Poseidon schon im Kreis der guten Rügener Fischrestaurants hält. Nicht zu verachten sind auch die Wildgerichte.

Bahn: Die Regionalbahn fährt nach Prora und Bergen, die Kleinbahn ›Rasender Roland‹ nach Putbus (von Mitte April–Okt. weiter bis zum Hafen von Lauterbach) sowie in die Ostseebäder Sellin, Baabe und Göhren.
Bus: Linien nach Bergen und Sassnitz sowie nach Sellin, Baabe, Göhren, Thiessow und Klein Zicker.
Schiff: Von Mai bis Sept. tgl. zu den Kreidefelsen sowie nach Sassnitz, Sellin und Göhren.

Ziele in der Umgebung

Jagdschloss Granitz (L 3):
Mai–Okt. tgl. 9–18 Uhr,
Nov.–April Di–So 10–16 Uhr.
Mehrere Räume zeigen fürstliche Wohnkultur des 19. Jh. Im 38 m hohen Aussichtsturm schraubt sich eine gusseiserne Wendeltreppe mit 154 Stufen nach oben. Bei klarer Sicht sind Stralsund und Hiddensee zu sehen (s. Tour 5, S. 116).

Prora (L 2): 4,5 km lang zieht sich das Kraft-durch-Freude-Bad der Nazis am Strand entlang, gedacht war es für 20 000 Menschen (s. Tour 5, S. 117). Der Zweite Weltkrieg verhinderte die Fertigstellung, was bezugsfähig war, nahm die Volksarmee der DDR später in Besitz. In der unfertigen, zu Binz gehörenden Ferienanlage sind zahlreiche Museen eingezogen, u. a. die **Grafik-Galerie,** die weltgrößte Druckgrafik-Ausstellung. Die rund 4000 Grafiken des 20. Jh. stammen aus der Sammlung des Ehepaares Vogel, die insgesamt 20 000 Arbeiten umfasst (April–Okt. Di–So 11–17 Uhr, Nov., Dez. Di–So 13–16 Uhr). Das **Eisenbahn- und Technikmuseum** zeigt auf 4000 m^2 Dampflokomotiven und andere Oldtimer (April–Okt. tgl. 10–17 Uhr), das **Museum zum Anfassen** lässt ein Jahrhundert des Wissens mit den Sinnen erleben (www.museum-prora.de, April–Sept. tgl. 10–18 Uhr, Okt.–März 10–16 Uhr).

Feuersteinfelder (L 2): 7 km nördlich von Binz.
Westlich von Neu Mukran hat die Natur Hunderttausende von Feuersteinen aufgeschichtet. ›Steinernes Meer‹ heißt dieses in Europa einmalige Naturschutzgebiet.

Boltenhagen (B 6)

Der westlichste Teil der Ostseeküste von Mecklenburg-Vorpommern, der Klützer Winkel, ist der beschaulichste. In dieser stillen Ecke liegt das familienfreundliche Boltenhagen. Das drittälteste Ostseebad Deutschlands (2500 Ew.) bietet Promenaden und eine 290 m lange Seebrücke (s. Tour 4, S. 115). Seit der Einheit hat sich Boltenhagen gut entwickelt, überwiegend sind Ferienwohnungen entstanden. Charakteristisch für Boltenhagen ist ein Wald- und Wiesenstreifen zwischen Strand- und Mittelpromenade. Der Flachküste in der Ortslage schließt sich nach Westen hin bei Redewisch ein rund 35 m hohes Kliff an, aus der Sturm und Regen immer wieder Teile herausbrechen, die auf den Strand fallen und vom Meer davongetragen werden.

Sport & Strände

Baden: Der 4 km lange, windgeschützte Sandstrand ist sehr beliebt bei Familien mit Kindern, weil er flach ins Meer abfällt.
Ostsee-Therme: Ostseeallee 106. Badespaß im Meerwasser.
Tennis und **Badminton:** auf dem Camping-Gelände Regenbogen Resort (s. u.).
Minigolf: an der Mittelpromenade.

Ausgehen

Sommertheater: Mittelpromenade 28, Tel. 03 88 25/31 59.
Im Theatergarten der Villa Seebach wird in der warmen Jahreszeit ein vielseitiges Programm geboten, nachmittags auch für Kinder.

Feste & Unterhaltung

Seebrückenfest (1. Wochenende im Aug.): mit Feuerwerk.

Kurverwaltung: 23946 Boltenhagen, Ostseeallee 4, Tel. 03 88 25/36 00, Fax 03 88 25/ 3 60 30, www.boltenhagen.de, Ostseebad-Boltenhagen@t-online.de

Tarnewitzer Hof: Dorfstr. 15 (OT Tarnewitz), Tel. 03 88 25/ 2 98 41, Fax 03 88 25/2 16 38, www.Zimmervermittlung-Kuehnemann.de, DZ ab 35 €, FH ab 80 €.

Hotelanlage mit Appartementhotel, fünf im nordischen Stil erbauten Ferienhäusern (bis zu 6 Pers.) und dem Herrenhaus mit 4 Schlafzimmern (insgesamt 220 m², bis zu 10 Pers.).

Seehotel Großherzog von Mecklenburg: Ostseeallee 1, Tel. 03 88 25/5 00, Fax 03 88 25/5 05 00, www.seehotel-boltenhagen.de, DZ/F ab 104 €.
Das beliebte Familienhotel befindet sich direkt hinter den Dünen. 150 stilvoll eingerichtete Zimmer und ein Schwimmbad unter dem Dach.
Regenbogen-Resort: Ostseeallee 76, Tel. 03 88 25/4 22 22, Fax 03 88 25/4 22 25, www.regenbogen-resorts.de, ganzjährig geöffnet.
Ebenes, 350 m vom Strand entferntes Gelände, Animationsprogramm. Die Ferienhäuser im skandinavischen Stil sind 55 m² (bis 4 Pers.) und 73 m² (bis 6 Pers.) groß.

Blinkfüer: Ostseeallee 64, Tel. 03 88 25/2 21 14, www.blinkfuer-m-v.de, Nov., Dez, Feb.–April Di Ruhetag, Jan. geschl., sonst tgl. geöffnet, Hauptgerichte 7,50–15 €.
Für Fischesser eine der besten Adressen der Region, durch den roten Leuchtturm am Eingang nicht zu verfehlen. Besonders lecker ist das Zanderfilet vom Saaler Bodden mit Gemüsevariation. Das gebratene Zanderfilet auf Blattspinat mit Krabbencreme und Balireis kommt aus der eigenen Räucherei.
Clipper: Ostseeallee 1 (im Seehotel Großherzog von Mecklenburg, s. o.), tgl. geöffnet, Hauptgerichte 8–17,50, Mo–Sa ein Tagesgericht zu 5 €.
Das Restaurant in einem lichtdurchfluteten Pavillon bietet traditionelle regionale Küche.
Zur Düne: Strandpromenade 15, Tel. 03 88 25/2 98 69, tgl. geöffnet, Hauptgerichte um die 5–7 €.
Selten bleibt zur Essenszeit ein Tisch frei, was beim Blick auf die Preise nicht verwundert, denn die sind äußerst günstig.

Bus: Verbindungen nach Klütz, Grevesmühlen, Wismar und Lübeck.

Ziele in der Umgebung

Klütz (B 6): 4 km sind es bis zu dem Städtchen südwestlich von Boltenhagen. Schloss Bothmer, die größte barocke Schlossanlage in Mecklenburg, wird von einem zauberhaften, tgl. zugänglichen Park umgeben. Im Literaturhaus ›Uwe Johnson‹ wird eine Dauerausstellung über Leben und Schaffen des Schriftstellers Uwe Johnson gezeigt (Im Thurow, Tel. 0 38 25/39 30, Mai–Okt. Mo–Fr 10–17, Sa, So bis 18 Uhr; Nov.–April Mo–Fr 11–16, Sa, So bis 17 Uhr). In der Windmühle aus dem Jahre 1904 etablierte sich die Gaststätte Klützer Mühle (Tel. 03 88 25/2 21 02, März–Okt. tgl. geöffnet, Nov.–Feb. nur Sa/So, Hauptgerichte 7,50–15 €).
Kussow (B 6): Vor etwa 3000 Jahren wurden im heutigen Mecklenburg-Vorpommern die ersten Siedlungen errichtet. Bei archäologischen Grabungen waren jedoch nur Grundrisse erkennbar. Mit viel Fantasie wurde das 12 km von Boltenhagen entfernte museale Steinzeitdorf mit den runden und ovalen Hütten aufgebaut. Es zeigt, wie die Menschen in der Jungsteinzeit gelebt und gewohnt haben (April–Okt. Mo–Fr 9–18 Uhr, Sa/So ab 10 Uhr, Nov.–März Mo–Do 9–15 Uhr).

Breege-Juliusruh (K 1)

Juliusruh mit meist im 20. Jh. entstandenen kleinen Pensionen und Hotels liegt an der Tromper Wiek. Breege mit Fischer- und Kapitänshäusern dehnt sich an der Boddenküste aus. Bereits 1928 wurden die beiden Orte (zusammen 800 Ew.) vereint. Für familiengerechten Urlaub sind sie eine gute Adresse.

Sport & Strände

Baden: In Juliusruh beginnt die Schaabe, der Traumstrand Rügens mit einer Länge von fast 10 km.

Die **Hallenbäder** im Hotel Aquamaris (s. u.) und in der Ferienanlage Kapitänshäuser Breege stehen gegen Gebühr auch Nichthotelgästen offen.

Informationsamt: 18556 Breege, Wittower Str. 5, Tel. 03 83 91/3 11, Fax 03 83 91/ 1 32 35, www.ostseebad-breege.de, seebad-breege@t-online.de

Feriendorf Windland: zwischen Juliusruh und Breege, Waldweg 18, Tel. 03 83 91/1 24 56, Fax 03 83 91/4 37 72, www.ruegen-windland.de, DZ Bungalow/F ab 34 €, DZ Hotel/F ab 52 €.

Kinderfreundliche Anlage: 6 Bungalows mit einfacher Ausstattung und 9 Hotelzimmer mit zeitgemäßem Standard sowie Gaststätte.

Aquamaris Strandresidenz Rügen: in Breege, Wittower Str. 4, Tel. 03 83 91/4 44 05, Fax 03 83 91/ 4 41 40, www.aquamaris.de, DZ/F ab 68 €.

In die Dünen hineingebaute, besonders bei Familien beliebte Hotelanlage mit Hallenschwimmbad und mehreren Restaurants.

Zum Alten Fischer: Am Breeger Hafen, Tel. 03 83 91/ 1 21 89, Hauptgerichte 8–11 €.

Was die Fischer aus ihren Netzen holen, kommt hier in die Kochtöpfe und Pfannen.

Bus: Von Juliusruh Verbindungen nach Glowe, Sagard, Sassnitz sowie nach Altenkirchen, Wiek, Dranske und Bergen.

Ziele in der Umgebung

Altenkirchen (K 1): Die um 1200 erbaute Backsteinkirche im 3 km entfernten Altenkirchen ist die zweitälteste auf Rügen. In ihr predigte Ludwig Gotthard Kosegarten (1758–1818), Anfang des 19. Jh. ein viel gelesener Schriftsteller. Neben dem Eingang zum Gotteshaus fand er seine letzte Ruhestätte.

Dierhagen (F 3/4)

Am Eingang zur Halbinselkette Fischland-Darß-Zingst, zwischen Ostsee und Saaler Bodden, liegt das Ostseebad Dierhagen (1700 Ew.). Die fünf Ortsteile befinden sich abseits der Bäderstraße: Dierhagen-Strand, Dierhagen-Ost und Neuhaus direkt hinter den Ostseedünen, Dierhagen-Dorf – das eigentliche Zentrum des Ostseebades – sowie Dändorf am Bodden. Umgeben ist Dierhagen von weiten Wiesen und Wald.

Sport & Strände

Baden: Drei der fünf Ortsteile liegen am 7 km langen Sandstrand, der meist eine Breite von 50 m hat.

Die **Schwimmhalle** im Strandhotel Fischland (s. u.) steht gegen Gebühr allen Gästen offen.

Feste & Unterhaltung

Hafenfest: letztes Juli-Wochenende.
Tonnenabschlagen: 2. Sa im Aug.

Kurverwaltung: 18347 Dierhagen-Strand, Ernst-Moritz-Arndt-Straße (im Haus des Gastes), Tel. 03 82 26/2 01, Fax 03 82 26/8 04 66, www.dierhagen-fischland.de, kv.dierhagen@t-online.de

Strandhotel Fischland: in Dierhagen-Strand, Ernst-Moritz-Arndt-Str. 6, Tel. 03 82 26/5 20, Fax 03 82 26/5 29 99, www.strandhotel-fischland.de, DZ ab 105 €.
Außerhalb des Ortes am Strand, neben gut eingerichteten Zimmern und Ferienhäusern auch Sport- und Freizeiteinrichtungen.
Ostseehotel Dierhagen: Wiesenweg 1, Tel. 03 82/2 65 10, Fax 03 82/2 65 18 70, www.ostseehotel-dierhagen.de, DZ/F ab 64 €.
Haus mit 160 etwa 24 m^2 großen Zimmern, 250 m von der Ostsee entfernt, Sport- und Eventhalle sowie Wellnesscenter.

Blinkfüer: in Dierhagen-Ost, An der Schwedenschanze 20 (im gleichnamigen Hotel), Tel. 03 82 26/8 03 84, www.hotel-blinkfueer.m-vp.de, tgl. geöffnet, Hauptgerichte 10–24 €.
Komfortables Restaurant, in dem gehobene regionale und internationale Küche serviert wird. Die Spezialität des Hauses: Filet vom Saaler Boddenzander.

Bus: Verbindungen nach Ribnitz-Damgarten sowie nach Wustrow, Ahrenshoop, Prerow, Zingst und Barth. Die Busse haben in den Sommermonaten teilweise Fahrradanhänger.

Achtung: Otterwechsel!

»Achtung: Otterwechsel!« – mit solchen Verkehrsschildern bittet man die Autofahrer auf der Halbinsel Fischland-Darß-Zingst um besondere Rücksichtsnahme gegenüber dem Fischotter. Das vom Aussterben bedrohte Tier hat hier noch sein Zuhause, aber immer wieder werden viele der flinken Fischotter überfahren, wenn sie in der Dunkelheit die Straßen überqueren. Die etwa 90 cm lang werdenden posierlichen Tiere legen auf ihren nächtlichen Streifzügen immerhin bis zu 20 km zurück. Also: Vorsicht bei Fahrten während der Dunkelheit.

Fischland-Darß-Zingst

Siehe Ahrenshoop, S. 40f.; Dierhagen, S. 56f.; Prerow, S. 74f.; Wustrow, S. 100f.; Zingst, S. 101ff.

Göhren (M 3)

Bewaldete Hügelketten, die eine schöne Aussicht gewähren, umgeben Göhren, einen der Endbahnhöfe der Kleinbahn ›Rasender Roland‹. Das seit Beginn des 20. Jh. beliebte Ostseebad auf Rügen schmückt sich seit 1994 wieder mit einer 392 m langen Seebrücke (s. Tour 5, S. 116f.). Die neu gestaltete Bernsteinpromenade mit der 392 m langen Seebrücke wurde 2003 eingeweiht. Etwa 200 m vor der Küste ragt der Buskam aus dem Wasser, der größte Findling an der deutschen Ostseeküste. Weit reicht der Blick vom Aussichtsturm ›Plansberg‹ am Ortseingang (1300 Ew.).

Sehenswert

Mönchguter Museen: www.
moenchguter-museen-ruegen.de
Das **Heimatmuseum** zog in ein Bauern-, Fischer- und Schifferhaus in der Ortsmitte (Strandstr., Mai–Sept. tgl. 10–18 Uhr, April–Okt. tgl. 10–16 Uhr), eine bäuerliche Hofanlage firmiert als **Museumshof** (Strandstr., gleiche Öffnungszeiten wie das Heimatmuseum).

Museum wurde auch ein schornsteinloses rohrgedecktes Fischer- und Kleinbauernhaus, das **Rookhus** (Thiessower Str., Juni–Aug. tgl. 11–17, Mitte April–Mai, Sept/Okt. tgl. 11–14 Uhr).

Hinter den Dünen am Südstrand liegt der **Motorsegler ›Luise‹** von 1906 (Juni–Aug. tgl. 11–7 Uhr, Mitte April–Mai, Sept./Okt. tgl. 13–17 Uhr).

Sport & Strände

Baden: Der bis zu 35 m breite, feinsandige Nordstrand sowie der schmalere Südstrand sind insgesamt 7 km lang.
Das **Schwimmbad** im Hotel Hanseatic (Nordperdstr. 2) steht Nichthotelgästen gegen Gebühr offen.
Tretboote werden am Nordstrand vermietet.
Tennisplätze sind am Kurpark, ein **Bowlingzentrum** in der Strandstr. zu finden.

Ausgehen

Globetrotter: Katharinenstr. 5,
Tel. 03 83 08/2 54 14, Di–So abends geöffnet.

Einer der schönsten Strände Rügens: der Strand von Göhren

Berenike Müller und Frank Helmboldt mixen tolle Cocktails.

Feste & Unterhaltung

Göhrener Folklorefestival: 1. Sa im Juni.

Göhrener Folk- und Countryfestival: 3. Juli-Wochenende.

Kurverwaltung: 18586 Göhren, Poststr. 9, Tel. 03 83 08/ 6 67 90, Fax 03 83 08/66 79 32, www.goehren-ruegen.de, KV@goehren-ruegen.de

Robinson jr.: Nordstrand 1, Tel. 03 83 08/2 50 97, Fax 03 83 08/2 54 60, www.robinson-jr.de, DZ/F ab 40 €.
Einfach toll, wie das alte Bootshaus direkt am Strand in eine schöne Pension umgebaut wurde. Alle 30 Minuten zeigt eine Webcam den Strand vor der Pension.

Stranddistel: Katharinenstr. 9, Tel. 03 83 08/54 50, Fax 03 83 08/ 5 45 55, www.ruegen-hotel-strand distel.de, DZ/F ab 56 €.
Die ruhige Lage an der Waldpromenade über dem Nordufer, Sauna, Solarium, Fitnessraum sowie das hauseigene Segelschiff ›Sehnsucht‹ machen einen Aufenthalt in dem Hotel garni angenehm.

Regenbogen-Camp: Tel. 03 83 08/ 4 22 22, Fax 03 83 08/4 22 25, www.regenbogen-camp.de, ganzjährig geöffnet.
Die Anreise ohne eigenes Dach ist auf diesem Campingplatz möglich: Mietwohnwagen, Mietzelte und achteckige, Tipi genannte Holzhäuschen mit kompletter Kücheneinrichtung und Dusche/WC stehen bereit. Restaurant und Shops sowie ein 500 m² großer Wellnessbereich.

Hotel mit Aussichtsturm

Als einziges Hotel auf Rügen besitzt das **Hanseatic** in Göhren einen Aussichtsturm. Wer nach der Fahrstuhlfahrt noch 60 Stufen nach oben steigt, wird mit einem faszinierenden Rundblick belohnt. Vor dem Aufstieg zum Aussichtsgeschoss bietet sich zur Stärkung das tgl. von 14 bis 17.30 Uhr geöffnete Turmcafé Bellevue an (Nordperdstr. 2, www.hotel-hanseatic.de).

Kliesow's Reuse: in Alt Reddevitz (7 km von Göhren entfernt), Dorfstr. 23, Tel. 03 83 08/21 71, www.gasthof-kliesows-reuse.de, tgl. geöffnet, Hauptgerichte 9–18 €.
In einer rohrgedeckten ehemaligen Scheune hat sich das Restaurant etabliert, das schmackhafte Regionalküche bietet.

Meeresblick: Friedrichstr. 2 (im gleichnamigen Hotel), Tel. 03 83 08/56 50, www.meeresblick.avr.de, nur Abendessen, Mi. geschl., Hauptgerichte 15–24 €.
In dem maritim eingerichteten Restaurant kocht Peter Knobloch eine Regionalküche, die seit Jahren gelobt wird.

Bahn: Die dampfbetriebene Kleinbahn ›Rasender Roland‹ fährt nach Baabe, Sellin, Binz, Putbus und von Mitte April–Okt. weiter bis zum Hafen von Lauterbach.

Bus: Verbindungen nach Sellin, Bergen, Binz, Sassnitz und nach Gager, Thiessow sowie Klein Zicker.

Schiff: Von Mai bis Sept. wird tgl. an der Seebrücke nach Sellin, Binz und Sassnitz abgelegt.

Schnupperkurs für Surfanfänger

Von Mai bis September lädt die Surfschule von Thiessow montags um 10 Uhr und donnerstags ab 14 Uhr zum kostenlosen Schnuppersurfen ein. Wer den Sport richtig erlernen möchte: Die Kurse für Anfänger umfassen 12 Stunden, die für Kinder 10 Stunden (nähere Auskunft unter Tel. 03 83 08/3 03 60).

Ziele in der Umgebung

Middelhagen (M 3): Das Schulmuseum in dem 4 km von Göhren entfernten Dorf entstand in einem einst für diese Region typischen ›Holzpantinengymnasium‹ (Einklassenschule; April–Juni, Sept., Okt. Di–So 10–17 Uhr, Juli, Aug. tgl. 10–18 Uhr).

Thiessow (M 3): Rügens südlichster Badeort ist auf drei Seiten von Wasser umgeben. Der Lotsenturm wurde als Antennenturm wiedererrichtet und darf bestiegen werden. In der alten Wachhütte wird die Geschichte der Thiessower Lotsenstation dokumentiert. Ein sympathischer Ort zum Entspannen ist das Fürst Jaromar Hotel Resort & Spa (Hauptstr. 1, Tel. 03 83 08/34 35, Fax 03 83 08/3 46 00, www.jaromar. de, Appartements ab 50 €). Der nicht überlaufene Sandstrand zieht sich fast 5 km nördlich bis Lobbe. Dort steht ein technisches Denkmal: Das restaurierte Windrad diente bis 1955 als Wasserschöpfwerk.

Graal-Müritz (F 4)

Die beiden seit 1938 vereinten Orte haben sich seit Jahrzehnten kaum verändert. Neu sind nur einige kleine Hotels und die 350 m lange Seebrücke. Das Seebad bietet keine Action, sondern Ruhe und Entspannung. Naturverbundene Gäste mögen Graal-Müritz, schon allein des Rhododendronparks wegen. In den Monaten Mai und Juni blühen in der 4,6 ha großen, unter Naturschutz stehenden Anlage etwa 2500 verschiedene Stauden. Landseitig wird Graal-Müritz (3800 Ew.) von dem 12 000 ha großen Mischwaldgebiet Rostocker Heide umschlossen.

Sehenswert

Informationszentrum Wald und Moor: in Neuheide,
Mai–Okt. Mi–So 9–12, 13–17 Uhr.
Informationen zum 274 ha großen Naturschutzgebiet Ribnitzer Großes Moor, einem Hochmoor, das ausschließlich von Regenwasser gespeist wird. Der letzte Torfstich erfolgte 1953. Geführte Wanderungen (Termine auch über die Kurverwaltung) sind ein besonderes Erlebnis. Bei etwas Glück ist der braune Moorfrosch zu sehen, der in der Paarungszeit blau wird. Bei Windstille oder Gewitterstimmung sind die Mücken aktiv. Deshalb Mückenschutzmittel nicht vergessen.

Naturschatzkammer & Paradiesgarten: in Neuheide,
Tel. 03 82 06/7 99 21,
www.naturschatzkammer.m-vp.de,
Mai–Okt. Di–So 10–17 Uhr, Nov.–April Di–Sa 13–16, So 10–12 Uhr.
Fast die gesamte einheimische Vogel- und Säugetierwelt ist in Präparationen zu bewundern, außerdem die schönsten Schmetterlinge aus aller Herren Länder. Es sind Bilder aus der Kinderstube des Steinkauzes zu sehen und von der Entstehung eines Hornissenbauwerks.

Sport & Strände

Baden: Graal-Müritz besitzt einen 6 km langen feinsandigen Strand.

Das 10 x 25 m große **Schwimmbad** mit Gegenstromanlage, Massagedüsen und Wasserfall im IFA Grand Hotel (s. u.) steht gegen Gebühr auch Nichthotelgästen offen.

Aquadrom: Buchenkampweg 9, www.aquadrom.net.

Das 2004 eröffnete Aquadrom bietet neben einer Badelandschaft eine Erlebnissauna, Tennis-, Squash- und Badmintoncourts und vieles mehr.

Feste & Unterhaltung

Rhododendron-Parkfest (am Wochenende nach Pfingsten): mit Wahl der Miss Rhododendron.

Tourist-Information: 18181 Graal-Müritz, Rostocker Str. 3, Tel. 03 82 06/70 30, Fax 03 82 06/ 7 03 20, www.graal-mueritz.de, tuk-graal-mueritz@t-online.de

Haus am Meer: Zur Seebrücke 36, Tel. 03 82 06/73 90, Fax 03 82 06/7 39 39, www.haus-am-meer.m-vp.de, DZ/F ab 65 €.

In ruhiger Lage in unmittelbarer Nähe der Seebrücke. Einige der Zimmer haben Seeblick, alle sind mit einem Minikühlschrank ausgestattet.

IFA Grand Hotel: Waldstr. 1, Tel. 03 82 06/7 30, Fax 03 82 06/7 32 27, www.ifa-hotel-graal-mueritz.de DZ/F ab 86 €.

Modernisiertes Ferienhotel mit Hallenbad in ruhiger Einzellage direkt hinter den Dünen.

Hotelrestaurant Kähler: Zur Seebrücke 18 (im gleichnamigen Hotel), Tel. 03 82 06/7 98 06, www.hotel-kaehler.m-vp.de, Okt.–April Mo. geschl., Di–Fr nur abends, Hauptgerichte 4–12 €.

Frische Küche, Kuchen und Gebäck aus eigener Konditorei. Saisonale Sonderaktionen wie Spargel- und Grünkohlessen.

Bahn: Züge fahren nach Rostock und Ribnitz-Damgarten.

Bus: Verbindungen nach Warnemünde, Rostock und Ribnitz-Damgarten.

Ziele in der Umgebung

Niederhagen (F 4): In der 9 km entfernten Kerzenscheune dreht sich alles rund um die Kerze. Wem das Riesenangebot nicht zusagt, der kann sich seine Kerze selbst herstellen. Etwas Zeit muss dafür jedoch mitgebracht werden, die kann im Kerzencafé verbracht werden (Di–So 10–18 Uhr).

Wiethagen (F 4): Im Forst- und Köhlerhof (bei Rövershagen, 9 km südöstlich von Graal-Müritz) sind zwei aus Stein gemauerte Teerschwelöfen zu sehen, mit denen bis 1979 Holzteer und Holzkohle erzeugt wurden. In der Scheune entstand das Forst- und Teerschwelmuseum, Tel. 03 82 02/20 35, www.Koehlerhof-Wiethagen.de, Di–Fr 9–16, Sa 10–17, April–Sept. auch So 10–17 Uhr.

Greifswald (K 5)

Seit Jahrhunderten hat die alte Universitäts- und Hansestadt im Zentrum ihr Aussehen bewahrt. Drei monumentale mittelalterliche Pfarrkirchen in Backsteingotik bestimmen mit ihren Türmen die Silhouette: Der ›Lange Nikolaus‹ des Doms St. Nikolai, der ›Kleine Jakob‹ der Jakobikirche und die ›Dicke Marie‹ der Marienkirche. In der Altstadt mit ihrem mittelalterlichen schachbrettartigen Straßennetz liegt alles dicht beieinander (s. Tour 1, S.109).

Heute bildet Greifswald (54 200 Ew.) das geistig-kulturelle Zentrum Vorpommerns. Reizvoll sind die eingemeindeten Dörfer Wieck und Eldena, die eine nach holländischem Vorbild erbaute hölzerne Klappbrücke über den Ryck verbindet.

Highlight 3

Greifswalder Dom:
Der 99,97 m hohe Turm des Doms St. Nikolai wurde zum Wahrzeichen der Hansestadt. Wer den steilen Treppenaufgang bewältigt hat, wird oben auf der Aussichtsplattform mit einem herrlichen Rundblick belohnt. Sein heutiges Aussehen bekam der Backsteinbau vor rund 600 Jahren. Die Innengestaltung gehört zu den bemerkenswertesten der Romantik. 1456 begründete Herzog Wartislaw IX. in einem Festakt im Dom die Universität und ernannte Heinrich Rubenow zum ersten Rektor. Der ist auf dem so genannten Rubenowbild von 1460 zu sehen, auf dem er links neben den ersten sechs Professoren der Uni steht. Jüngeren Datums ist das Reformationsfenster an der Südseite, das hat die Stadt Greifswald 1883 gestiftet.

Sehenswert

Museumshafen: jederzeit zugänglich. Das Ufer der Ryck wurde für rund drei Dutzend Traditionsschiffe zum Heimathafen. Tafeln informieren anschaulich über die Geschichte der einzelnen Boote.

Klosterruine Eldena: Caspar David Friedrich hat die Reste des 1199 gegründeten Zisterzienserklosters zu einem seiner Lieblingsmotive erkoren und damit vor der Vergessenheit bewahrt.

Pommersches Landesmuseum:
Mühlenstr. 15, www.pommersches-Landesmuseum.de,
Di–So 10–17 Uhr.
Das moderne Museum dokumentiert die Geschichte Pommerns. Zu den hier gezeigten Schätzen gehören der fast 2 kg schwere Peterfitzring aus purem Gold und in der Gemäldegalerie Werke von Caspar David Friedrich und Philipp Otto Runge.

Eine hölzerne Klappbrücke verbindet die beiden Stadtteile Wieck und Eldena

Sport & Strände

Freizeitbad: Pappelallee 10. Sprung- und Spaßbecken mit Sprudelliege, Whirlpool, Wildwasserkanal und Saunen.

Feste & Unterhaltung

Kulturfestival Nordischer Klang (in der 1. Monats-Hälfte Mai): s. S. 18.

Bachwoche: in der 2. Juni-Woche.

Jazz-Evening (1. Juli-Wochenende): rings um die Ruine Eldena.

Fischerfest (3. Juli-Wochenende): das größte Fest der Region mit Gaffelrigg (Regatta mit historischen Segelschiffen) und Hangeln über den 50 m breiten Ryck.

Theater Vorpommern: Anklamer Str. 106, Kartenreservierung Tel. 0 38 34/5 72 22 24. Musiktheater, Schauspiel, Ballett und Sinfoniekonzerte.

Greifswald-Information: 17489 Greifswald, Am Markt (im Rathaus), Tel. 0 38 34/52 13 80, Fax 0 38 34/52 13 82, www.greifswald.de, greifswald-information@t-online.de

Maritimes Jugenddorf Wieck: Yachtweg 3, Tel. 0 38 34/8 30 29 50, Fax 0 38 34/8 30 29 70, www.majuwi.de, Ü/F ab 21 €. Das im Sommer 2003 eröffnete Jugenddorf am Greifswalder Bodden auf einem 15 000 m^2 großen Gelände verfügt über 78 Gästezimmer (alle mit Du/WC), Mehrzweckhalle für Sport und Unterhaltung, Fitnesscenter, Freizeitanlagen und Cafébar.

VCH Hotel Greifswald: Wilhelm-Holtz-Str. 5–8, Tel. 0 38 34/51 60, Fax 0 38 34/51 65 16, www.vchhotel-greifswald.de, DZ/F ab 66 €. Großzügige Hotelanlage mit 92 Zimmern, Freizeitbereich und Restaurant.

Mercure Hotel Greifswald Am Gorzberg: Am Gorzberg, Tel. 0 38 34/54 40, Fax 0 38 34/54 44 44, www.mercure.com, DZ/F ab 98 €. Ein modernes Hotel mit 113 stilvoll ausgestatteten Zimmern am Stadtrand.

Zum alten Fritz: Am Markt 13, Tel. 0 38 34/5 78 30, www.alter-fritz.de, tgl. geöffnet, Hauptgerichte 8–16 €.

Gemütliches Braugasthaus in einem gotischen Giebelhaus. Selbst gebraut wird das ›Zwickelfritz‹, ein helles, ungefiltertes, naturtrübes Pils.

Alter Speicher: Roßmühlenstr. 25,
Tel. 0 38 34/7 77 00,
www.alter-speicher.de, tgl. geöffnet,
Hauptgerichte 6–18 €.
In einem alten Hafenspeicher entstand ein stilvolles Restaurant mit einem großzügigen Wintergartenanbau.

Bahn: Züge nach Pasewalk sowie nach Stralsund und Lubmin.
Bus: Linienbusse fahren in nahezu alle Orte der Umgebung, auch in die Städte Neubrandenburg, Wolgast und Anklam.

Ziele in der Umgebung

Gristow (K 4): www.nep-gristow.de,
Mai–Sept. 10–18,
Okt.–April 10–16 Uhr.
Im 8 km entfernten Naturerlebnispark Gristow, direkt an der B 96 gelegen, leben etwa 300 Tiere, darunter Lamas, Esel, Pferde, Steppen- und Hochlandrinder. Vorhanden sind ein Bauerngarten, Spielplätze für Kinder und eine Trimmstrecke.

Heiligendamm

Siehe S. 45 f. (Bad Doberan)

Heringsdorf (N 5)

Das mondänste Seebad auf der Insel Usedom (3500 Ew.) nennt sich gemeinsam mit den benachbarten Orten Ahlbeck und Bansin die ›Kaiserbäder‹. Denn die Liste der Berühmten wird von Kaiser Wilhelm II. angeführt. Heinrich Mann, Theodor Fontane und Lyonel Feininger gehören zu den Literaten und Künstlern, die schon an den typischen Gründerzeit-Villen vorbeispazierten oder darin gewohnt haben.

Sehenswert

Seebrücke: Mit 508 m die längste bewirtschaftete Kontinentaleuropas. Im Eingangsgebäude gibt es Geschäfte, Restaurants und ein Kino.

Museum Villa Irmgard:
Maxim-Gorki-Str. 13,
Mai–Sept. Di–So 10–18,
Okt.–April Di–So 10–12, 13–16 Uhr.
Im Mittelpunkt des Museums steht der russische Dichter Maxim Gorki. Das ›arabische Zimmer‹, in dem er 1922 gearbeitet hat, blieb unverändert erhalten.

Sport & Strände

Baden: Der feine Sandstrand ist mehr als 3 km lang.
Minigolf-Anlage: an der Strandpromenade.
Bootsverleih: am Strand.
Tennis: Plätze am Rennbahnweg.
Orientalische Wellness-Oase Shehrazade: Seestr. 41 (in der Seetel Ostseeresidenz), Tel. 03 83 78/6 14 24, tgl. geöffnet.
Im 15 x 9 m großen Schwimmbad mit Sprudelbänken und Gegenstromanlage wird bei wohl temperierten 28 Grad einer entspannenden Unterwassermusik gelauscht. Moderne Fitnessgeräte, umfangreiches Wellnessangebot.

Ausgehen

Spielbank: im Forum Usedom (an der Strandpromenade).
80 Glücksspielautomaten (14–1 Uhr), im großen Spielsaal rollen die Kugeln beim American Roulette und winkt das Spielerglück beim Black Jack (18–1 Uhr).

Feste & Unterhaltung

Chapeau Rouge: hinter den Dünen, Mitte Mai–Anf. Sept.
Im roten Theaterzelt bietet die Vorpommersche Landesbühne Anklam Theater, Puppenspiel und Musik.

Tourist-Information: 17424 Heringsdorf, Kulmstr. 33, Tel. 03 83 78/24 51, Fax 03 83 78/24 54, www.DREI-Kaiserbaeder.de, heringsdorf@DREI-Kaiserbaeder.de

Maritim Hotel Kaiserhof: Strandpromenade, Tel. 03 83 78/6 50, Fax 03 83 78/6 58 00, www.maritim.de, DZ/F ab 94 €.
Die Lage kann nicht besser sein, der Name Maritim steht für Qualität. Beeindruckend ist der Wellnessbereich (s. S. 31).

Aurelia Hotel St. Hubertus: Grenzstr. 1, Tel. 03 83 78/4 77 60, Fax 03 83 78/47 76 99, www.aurelia hotel.de, DZ/F ab 42 €.
60 Zimmer an der Strandpromenade, alle sind mit PC, Flachbildschirm und kostenlos nutzbarem Breitband-Internetanschluss ausgestattet. Beauty- und Wellnessoase, Bibliothek, Hauskino und ein viel gelobtes Restaurant.

Des Kaisers Pavillon: Brunnenstr. 1, Tel. 03 83 78/ 2 27 45, tgl. geöffnet, www.des-kaisers-pavillon.kaiserbaeder.de, Zander nach Usedomer Art 10,30 €.
Eine historische Postkarte diente als Vorlage für den Neubau, es entstand ein Ambiente wie zu Kaisers Zeiten.

Usedomer Brauhaus: Platz des Friedens, Tel. 03 83 78/6 14 20, www.seetel.de, tgl. geöffnet, Hauptgerichte 5,20–11,90 €.
Frisch gebrautes Bier, deftiges Essen und ein rustikales Ambiente.

Gaumenfreuden über der Ostsee

Wer sich einmal so richtig kulinarisch verwöhnen lassen möchte, der sollte im Brückenkopf der Heringsdorfer Seebrücke für das ›Käpt'N.‹ einen Tisch reservieren. Hier bereitet Marcus Lübke, einer der besten Köche in Mecklenburg-Vorpommern, exzellente Gaumenfreuden. Vor allem frische Ostseefische und andere regionale Produkte werden von ihm verarbeitet (Tel. 03 83 78/2 88 17, tgl. abends geöffnet, Hauptgerichte 18–26 €).

Bahn: Mit der Usedomer Bäderbahn nach Ahlbeck und weiter bis zur polnischen Grenze sowie nach Peenemünde (in Zinnowitz umsteigen) und über Wolgast und Züssow bis Stralsund.

Bus: Linien nach Ahlbeck sowie nach Bansin, Usedom, Anklam und Kamminke.

Schiff: Von Ende März bis Okt. wird tgl. von der Seebrücke nach Ahlbeck und Swinoujscie (Swinemünde) gestartet sowie mehrmals in der Woche nach Bansin, Koserow und Zinnowitz.

Highlight 4

Hiddensee (J 1/2)

Nur 18 km misst Hiddensee in der Länge, das Naturkleinod bietet sich also auch den zahlreichen Tagestouristen für eine Wanderung an. Die Dünenheide zwischen Vitte und Neuendorf im Süden der Insel sowie der Dornbusch im Norden mit Wald, Wiesen und atem-

beraubenden Aussichten begeistern jeden Naturfreund. Wer das Eiland von Ost nach West überqueren möchte, hat an der breitesten Stelle etwa 3700 m zurückzulegen.

Privatautos sind auf Hiddensee nicht zugelassen, jede Wegstrecke muss per pedes, per Fahrrad oder mit der Kutsche zurückgelegt werden. Im Hauptort Vitte befinden sich Post und Sparkasse, Lebensmittel sind in allen Orten der Insel (1300 Ew.) zu haben.

Sehenswert

Gerhart-Hauptmann-Haus: in Kloster, Kirchweg, Mai–Okt. tgl. 10–17, Nov.–April tgl. 11–16 Uhr.
Die Wohn- und Arbeitsräume des Literaturnobelpreisträgers (1862–1946) sind im Originalzustand erhalten. Oft finden Konzerte und Lesungen statt.

Heimatmuseum: in Kloster, Kirchweg, April–Okt. tgl. 10–16 Uhr, Nov.–März Fr, Sa 11–15 Uhr.
Im ehemaligen Rettungsschuppen ist eine Nachbildung des berühmten Hiddenseer Goldschmucks zu sehen, der 1872 am Neuendorfer Strand gefunden wurde.

Inselkirche: in Kloster.
Zartes Rosenmuster ziert das Innere der Kirche. Links hinter dem Gotteshaus befindet sich das Grab von Gerhart Hauptmann, das von einem riesigen Findling geschmückt wird.

Leuchtturm: nördlich von Kloster, Mai–Sept. tgl. 10.30–16 Uhr.
Seit 1898 schickt der Leuchtturm sein Blitzfeuer hinaus aufs Meer, seit 1996 darf er von jedermann bestiegen werden. Der Ausblick von hier ist fantastisch.

Auch im Winter ein Besuch wert: die Insel Hiddensee

Nationalparkhaus: in Vitte, April–Sept. tgl. 10–16 Uhr, Okt.–März tgl. 10–15 Uhr.
Die Ausstellung der Verwaltung des Nationalparks Vorpommersche Boddenlandschaft steht unter dem Motto ›Panta Rhei‹ (›alles fließt‹).

Sport & Strände

Baden: In Neuendorf, Vitte und Kloster erstrecken sich schmale Sandstrände. Strandkörbe stehen zum Mieten bereit. Ruhig zu geht es südlich von Neuendorf.

Feste & Unterhaltung

Die Inselkirche in Kloster lädt im Sommerhalbjahr zu **Orgelkonzerten,** im Gerhart-Hauptmann-Haus in Kloster sowie im Henni-Lehmann-Haus in Vitte finden **Vorträge** und andere kulturelle Veranstaltungen statt. Das **Figurentheater ›Homunkulus‹** aus Berlin zeigt seine Aufführungen in der Seebühne Vitte (über das Programm informiert die Kurverwaltung oder die Internetseite www.hiddenseebuehne.de).

Insel-Information: 18565 Vitte/Hiddensee, Norderende 162, Tel. 03 83 00/6 42 26, Fax 03 83 00/6 42 25, www.seebad-hiddensee.de, insel.information@t-online.de

Hotelschiff Caprivi '93: in Vitte, Sprenge 39, Tel. 03 83 00/5 01 62, Fax 03 83 00/6 06 47, www.hotelschiff-hiddensee.de,
Ü/F ab 17 € zgl. 4,50 € Endreinigung.
Eine preiswertere Unterkunft wird man auf Hiddensee kaum bekommen. Bis zum Ende der DDR fuhr das 1963 gebaute Schiff über die Boddengewässer, heute liegt es als Hotel nahe dem Hafen. In 13 schlichten Kojen befinden sich 30 Betten, sechs Gäste teilen sich ein Bad.

Hotelanlage Heiderose: zwischen Vitte und Neuendorf, Tel. 03 83 00/6 30, Fax 03 83 00/6 31 24, www.heiderose-hiddensee.de, im Winter (mit Ausnahme des Jahreswechsels) geschl., DZ/F ab 58 €.
Ferienhäuser sowie ein Hotel mit Restaurant in der Dünenheide zwischen Vitte und Neuendorf.

Hotel Hitthim: in Kloster, Hafenweg 8, Tel. 03 83 00/66 60, Fax 03 83 00/6 66 18, www.hitthim.de, DZ/F ab 65 €.
Ein völlig modernisiertes Haus mit 25 Zimmern und gemütlichem Restaurant beim Hafen.

Hotelrestaurant Enddorn: in Grieben, Dorfstr. 6 (im gleichnamigen Hotel), Tel. 03 83 00/4 60, www.enddorn.de, tgl. geöffnet, Hauptgerichte 7–12 €. Hier hängen neuerdings die vielen alten und neuen Inselbilder, die bis vor kurzem in der berühmten Bilderkneipe in der Dorfstr. 4 zu sehen waren.
Seepferdchen: Süderende 84, Tel. 03 83 00/2 66, Mai–Okt. geöffnet, Hauptgerichte 8–11 €.
Die Sanddorn-Sahne-Torte ist eine Delikatesse. Lecker schmecken auch die Fischgerichte.

Schiff: Regelmäßige ganzjährige Fährverbindung nach Schaprode (Rügen) und im Sommer nach Stralsund. Außerhalb des Fahrplans verkehren rund um die Uhr Wassertaxis zwischen Schaprode und Hiddensee für max. 20 Pers. pro Taxi: Tel. 01 71/6 42 80 21, 7 45 77 10, 7 45 77 13. Auskunft Reederei Hiddensee: Tel. 01 80/ 3 21 21 50, www.reederei-hiddensee.com.
Auto: Hiddensee ist eine autofreie Insel, Fahrzeuge können auf dem Parkplatz in Schaprode abgestellt werden.

Highlight 5

Kap Arkona (K 1)

Deutschlands Nordkap, zur Gemeinde Putgarten gehörend, hat sich zum Touristenmagneten von Rügen gemausert. Nicht nur die historischen Bauwerke und die Reste des slawischen Burgwalls, sondern auch das umfangreiche kulturelle Angebot lassen den Besuch zum Erlebnis werden. Das Auto muss auf dem Parkplatz am Ortseingang von Putgarten stehenbleiben. Wer nicht zu Fuß (2,5 km) losmarschieren möchte, steigt in die gummibereifte kleine Arkona-Bahn oder eine Pferdekutsche (s. Tour 5, S. 117)

Sehenswert

Leuchttürme: Jan.–März 10–16 Uhr, April, Mai, Sept., Okt. 10–18 Uhr, Juni 9.30–20 Uhr, Juli, Aug. 9–21 Uhr, Nov., Dez. 11–15 Uhr.
Der kleine denkmalgeschützte Turm, in dem verschiedene Ausstellungen gezeigt werden, stammt vom berühmten preußischen Baumeister Karl Friedrich Schinkel, der große schlanke Turm von 1902 schickt noch heute sein Leuchtfeuer hinaus auf die Ostsee. Beide Türme dürfen bestiegen werden.
Marinepeilturm: gleiche Öffnungszeiten wie die Leuchttürme.
Der 1927 errichtete Turm bekam eine moderne Glaskuppel, aus der sich ein fantastischer Rundblick bietet. Im Inneren sind Ausstellungen zu sehen.

Einkaufen

Rügenhof Arkona: Im Rügenladen sind auf der Insel erzeugte Naturprodukte (Honig, Käse, Wurst u. a.) zu haben. Töpfer, Steinschleifer, Kerzenzieher und Drucker bieten ebenfalls ihre Erzeugnisse an.

Feste & Unterhaltung

Theatersommer (Juli/Aug.): Aufführungen im Leuchtturmwärtergarten (bei Regen in der Kulturscheune des Rügenhofes Arkona).
Erntefest (letzter Sa im Sept.): Bauernmarkt und viel Kultur im Rügenhof Arkona.
Silvester: großes Feuerwerk zum Jahresabschluss.

Informationsamt: 18556 Putgarten, Tel. 03 83 91/41 90,

Fax 03 83 91/4 19 17, www.kap-arkona.de, kap-arkona@t-online.de

Zum Kap Arkona: Putgarten, Tel. 03 83 91/43 30, Fax 03 83 91/4 33 51, www.zum-kap-arkona.de, DZ/F ab 67 €. Familiär geführtes Hotel mit 32 Zimmern und einem Restaurant auf dem Weg vom Rügenhof zu den Leuchttürmen.

Utspann: Putgarten, Tel. 03 83 91/83 31, tgl. geöffnet, Hauptgerichte 7,50–11.50 €. In der rustikalen Gaststätte wird eine deftige Hausmannskost serviert.

Bus: Verbindung nach Altenkirchen (dort Anschluss nach Sassnitz), weiter nach Wiek und zur Wittower Fähre.

Ziele in der Umgebung

Vitt (K 1): Knapp 30 Min. sind vom Nordkap zu Rügens Bilderbuchdörfchen zu laufen. 13 kleine Häuser kuscheln sich in eine Schlucht am Steilufer. Am kleinen Hafen wird Räucherfisch verkauft. Die achteckige Kapelle wurde 1816 geweiht, das Wandbild des Italieners Gabriele Mucchi stammt von 1990. Wer nicht laufen möchte: Vom Parkplatz Putgarten fährt die Arkona-Bahn nach Vitt.

Koserow (N 5)

Landschaftlich schön ist die Lage von Koserow: Der Ort (1600 Ew.) erstreckt sich in der Mitte der Insel Usedom, an der schmalsten Stelle zwischen Ostsee und Achterwasser. Die Kirche ist das älteste Gotteshaus an der Usedomer Ostseeküste. Das Kruzifix, von Fischern aus dem Meer geborgen, wird als ›Kreuz von Vineta‹ bezeichnet, weil es aus der sagenhaften versunkenen Stadt Vineta stammen soll (s. auch S. 49f.). Vom Streckelsberg, mit 60 m die höchste Erhebung Usedoms, bietet sich ein weiter Blick.

Sehenswert

Otto-Niemeyer-Holstein-Atelier: Garten und Galerie Mitte April–Mitte Okt. tgl. 10–18 Uhr, Führungen durch den Wohn- und Arbeitsbereich 11, 14, 15 Uhr, Mitte Okt.–Mitte April Garten und Galerie Mi, Do, Sa, So 10–16 Uhr, Führungen durch den Wohn- und Arbeitsbereich 11 und 14 Uhr.
Das Refugium des Altmeisters der norddeutschen Landschaftsmalerei, Otto Niemeyer-Holstein (1896–1984), das er sich ab 1939 rund um einen ausrangierten Berliner-S-Bahn-Wagen errichtete und ›Lüttenort‹ nannte.

Salzhütten: Im 19. Jh. lagerte hier Salz für die Fischer. Sechs der rohrgedeckten Hütten wurden rekonstruiert; Mini-Museum, Souvenirgeschäft und eine Gaststätte (s. u.).

Sport & Strände

Baden: Koserow besitzt einen 50 m breiten und 4 km langen feinen Sandstrand.

Kurverwaltung: 17459 Koserow, Hauptstr. 34, Tel. 03 83 75/2 04 15, Fax 03 83 75/2 04 17, www.Seebad-Koserow.de, KV-Koserow@t-online.de

Treff Ferienpark Usedom: Siemensstr., Tel. 03 83 75/5 50, Fax 03 83 75/5 51 00, www.treff-ferienpark.de, FW ab 47 €. Sechs skandinavische Häuser mit luxuriösen Ferienwohnungen (50–100 m² für bis zu 6 Pers.). Die Anlage bietet verschiedene Freizeit- und Serviceeinrichtungen.

Hotel Nautic: Triftweg 4, Tel. 03 83 75/25 50, Fax 03 83 75/2 55 55, www.hotel-nautic.de, DZ/F ab 60 €. Das Hotel für Internet-Freaks: Alle Zimmer haben einen ISDN-Anschluss, wenn gewünscht, werden sie mit PC und Internetzugang ausgestattet. Zur Entspannung lädt der Pool mit Gegenstromanlage, Sprudelbank und Wasserfall.

Koserower Salzhütte: (nahe der Seebrücke), Tel. 03 83 75/2 06 80, tgl. geöffnet, Hauptgerichte 9,50–16 €. Die Hütte ist klein, bei schönem Wetter sitzt man draußen. Der Fisch ist frisch gefangen.

Bahn: Mit der Usedomer Bäderbahn nach Ahlbeck und weiter bis zur polnischen Grenze sowie nach Peenemünde (in Zinnowitz umsteigen) und über Wolgast nach Züssow und weiter nach Stralsund.

Bus: Nach Zinnowitz und Wolgast sowie nach Ückeritz und Usedom.

Schiff: An der Seebrücke legen von Ende März bis Okt. Schiffe mehrmals in der Woche nach Swinoujscie (Swinemünde), Heringsdorf und Zinnowitz ab.

Kühlungsborn (D 4)

Das größte Ostseebad Mecklenburgs (7300 Ew.) nennt sich gern ›Grüne Stadt am Meer‹, denn der 130 ha große Stadtwald sowie die Ostseeallee mit ihren Hotels, Pensionen und Restaurants verbindet den Ortsteil Ost (einst Brunshaupten) mit dem Ortsteil West (einst Arendsee). Am östlichen Ende der Promenade schiebt sich die 240 m lange Seebrücke ins Meer, die die erste war, die nach der Einheit eingeweiht wurde.

Wer noch ein wenig weiterläuft, gelangt zum 2003 eröffneten Jachthafen, der durch Molen von der offenen See abgetrennt wurde und mehr als 400 Segel- und Motorjachten einen Liegeplatz bietet (s. Tour 4, S. 114).

6

Highlight

Kleinbahn ›Molli‹: Im Jahre 1886 dampfte der erste Zug los, nur im Sommer und auch nur bis Heiligendamm (s. S. 45f.). Die Bahn wurde erbaut, um die in Doberan wohnenden Sommergäste an den Ostseestrand zu bringen, die Verlängerung bis Ahrendsee (heute Kühlungsborn West) erfolgte 1910. Heute gehört die Schmalspurbahn zu den touristischen Sehenswürdigkeiten an der Ostseeküste. In Bad Doberan schnauft der von Dampflokomotiven gezogene Zug oftmals nur rund einen Meter entfernt an den Hauswänden vorbei. Die Höchstgeschwindigkeit von 45 km/h wird erreicht, wenn es durch Felder und Wald geht. Molli heißt die dampfende Kleinbahn seit jeher, ›die‹ sagen die Gäste, ›der‹ die Einheimischen.

Sport & Strände

Baden: Der Strand ist fein, etwa 50 m breit und 6 km lang. Er fällt flach ins Meer ab und eignet sich deshalb besonders für Familien.

Boote werden am Strand vermietet.

Tennis: Am Lindenpark.

Der tgl. geöffnete **Freizeitpark** in der Hermannstr. bietet u. a. Minigolf, Street-Hockey, Basketball, Tischtennis sowie eine Inline-Skating-Laufbahn.

Am Strand von Kühlungsborn

Wassersport: Wassersport-Center und Tauchbasis Baltic, Anglersteig 2 in Kühlungsborn-West, www.tauchbasis-baltic.de, www.wassersport-center-kuehlungsborn.de
Segeln, Surfen und Catsegeln, Ausbildung und Verleih, Schnuppertauchen.

Feste & Unterhaltung

swing in (Ende Juni): das Kühlungsborner Jazzfestival.
Internationales Folk- und Bluesfestival: 2. Aug.-Wochenende.
Internationales Gitarrenfestival (2. Aug.-Hälfte): mit namhaften Künstlern.
Kunsthalle Kühlungsborn: Ostseeallee 48.
Jugendstilbau, der zum kulturellen Mittelpunkt wurde. Talk-Shows, Konzerte, Lesungen und vieles mehr.

Touristik-Service: 18225 Kühlungsborn, Ostseeallee 19, Tel. 03 82 93/84 90, Fax 03 82 93/8 49 30, www.kuehlungsborn.de, info@kuehlungsborn.de

Hotel Residenz Waldkrone: Tannenstr. 4, Tel. 03 82 93/ 4 00 00, Fax 03 82 93/4 00 11, www.waldkrone.de, DZ/F ab 77 €.
4-Sterne-Hotel mit großzügig geschnittenen Zimmern, etwa 100 m vom Strand entfernt.
Ringhotel Strandblick: Ostseeallee 6, Tel. 03 82 93/6 33, Fax 03 82 93/ 6 35 00, www.ringhotel-strandblick.de, DZ/F ab 85 €.
Nach vorn die Ostsee, zur Rückseite den Stadtwald. Die liebevoll restaurierte Ju-

Dampflok-Führer auf dem ›Molli‹

Wer schon immer einmal eine Dampflok selbst fahren wollte, der kann sich diesen Kindheitstraum bei ›Molli‹ erfüllen: Zehn Tage dauert die Ausbildung zum Ehrenlokführer, gefahren wird auf Lokomotiven der Baureihe 99. Nach einer einfachen Prüfung wird ein Zertifikat ausgehändigt. Mitzubringen sind 750 €, dazu kommen noch die Kosten für Übernachtung und Verpflegung. Wer weniger ausgeben möchte, der kann für 420 € Ehrenfahrdienstleiter (Bahnhofsvorsteher) oder für 250 € Ehrenzugschaffner werden (nähere Infos finden Zugbegeisterte auf der Internet-Site www.molli-bahn.de).

gendstilvilla bietet 43 geräumige Zimmer und Suiten. Zimmer für Allergiker und welche mit überlangen Betten stehen bereit.

Vier Jahreszeiten: Ostseeallee 12, Tel. 03 82 93/8 10 00, Fax 03 82 93/ 8 10 81, www.jahreszeiten-hotels.de, DZ/F ab 89 €.
Den Gästen steht neben 58 Zimmern und Appartements und mehreren Restaurants ein großer Wellnessbereich mit Schwimmbad zur Verfügung.

Brunshöver Möhl: An der Mühle 3, Tel. 03 82 93/9 37, Okt.–April Mo. geschl., Hauptgerichte 10–18 €.
In dem rustikalen Restaurant der alten Mühle am Ortsrand kommen herzhaft zubereitete internationale Gerichte sowie regionale Köstlichkeiten auf den Tisch.

Wilhelms Restaurant: Strandstr. 37 (im Hotel Neptun), Tel. 03 82 93/6 30, www.neptunhotel.de, tgl. nur abends, Hauptgerichte 15–20 €.
Serviert wird moderne mecklenburgische Küche, besonders lecker: das Steinbeißerfilet unter einer Frischkäse-Kräuterhaube. Das Mobiliar stammt aus englischen Pubs.

Conditoreicafé Röntgen: Strandstr. 30 a (im Ortsteil Ost), Tel. 03 82 93/7 81 36, und Ostseeallee 45 (im Ortsteil West), Tel. 03 82 93/6 09 51, www.classic-cafe.com, tgl. geöffnet.
Wer an der Ostseeküste vorzügliche Konditoreiwaren essen möchte, kommt an diesen beiden Cafés kaum vorbei.

Bahn: Mit der Kleinbahn ›Molli‹ nach Heiligendamm und Bad Doberan.
Bus: Verbindung nach Rostock und Bad Doberan.

Lubmin (L 4)

Zwischen den Inseln Rügen und Usedom liegt das Seebad Lubmin (1600 Ew.), das zu DDR-Zeiten ein Schattendasein führte. Nach der Einheit erinnerte man sich an die reiche Vergangenheit als Badeort, richtete die Strandpromenade am Greifswalder Bodden wieder her und baute eine 350 m lange Seebrücke. Der Kiefernwald, der sich am 5 km langen Badestrand mit feinkörnigem Sand erstreckt, hält den Wind von der reizvollen Kliffküste ab. Die ausgedehnte flache Uferzone bewirkt eine schnellere Erwärmung des Wassers als bei den weiter seewärts gelegenen Bädern. Das Waldgebiet Lubminer Heide lädt zu ausgedehnten Wanderungen zu Fuß oder per Rad.

Sport & Strände

Baden: Feiner, manchmal mit kleinen Steinen durchsetzter 5 km langer Sandstrand.

Kurverwaltung: 17509 Lubmin, Freester Str. 1, Tel. 03 83 54/2 20 11, Fax 03 83 54/2 20 14, www.Lubmin.de, Lubmin@t-online.de

Hotel Seebrücke: Waldstr. 5a, Tel. 03 83 54/35 30, Fax 03 83 54/3 53 50, www.hotelseebruecke.de, DZ/F ab 50 €.
Ein wenig erinnert der Neubau an ein kalifornisches Motel. Ruhige, familiäre Atmosphäre, zwölf große und helle Zimmer.

Bahn: Züge nach Greifswald. **Bus:** Verbindungen nach Greifswald und Wolgast.

Ziele in der Umgebung

Freest (M 4): Im kleinen Hafen ankern an die 20 Kutter, die noch täglich zum Fischfang auslaufen. Frischer als hier ist der Fisch in der Region nirgendwo zu haben. Im Mittelalter diente der Hafen nicht nur dem Fischhandel, er war auch Zollstation für die nach Wolgast fahrenden Schiffe. Die Häuser des Dorfes sind teilweise noch mit Rohr gedeckt und haben gepflegte Vorgärten. Die Heimatstube informiert über die Geschichte der Fischerteppiche, die in Freest und Umgebung vor allem in den 20er und 30 Jahren des 20. Jh. von Fischerfrauen geknüpft wurden. Mit deren Verkauf besserten sie das allzu karge Einkommen ihrer Männer ein wenig auf (Dorfstr. 67, Mai–Okt. tgl. 10–16 Uhr; Nov.–April Di–Sa 10–15.30 Uhr).

Poel (Insel, C 5/6)

Ein stilles Fleckchen Erde, das der Wismarer Bucht vorgelagert ist: Die 37 km^2 große Insel (2800 Ew.), die seit Jahrzehnten durch einen Damm mit dem Festland verbunden ist, hat sich viel von ihrer Ursprünglichkeit bewahren können und ist vor allem für naturnahen Familienurlaub geeignet. Senken und Hügel wechseln mit flach ansteigenden Stränden und schroffen Steilwänden. Die Menschen leben in insgesamt 15, oftmals winzigen Orten. Die Gäste tummeln sich im Sommer vor allem an den Stränden von Gollwitz, Timmendorf, Hinter Wangern und dem Schwarzen Busch. Eines der schönsten Bilder bietet sich vom ehemaligen Wall nahe der Inselkirche im Hauptort Kirchdorf.

Sehenswert

Heimatmuseum: in Kirchdorf, Möwenweg 4, Mai–Mitte Sept. Di–So 10–16, Mitte Sept.–April Di, Mi, Sa 10–12 Uhr.
In der fast 200 Jahre alten, ehemaligen Dorfschule ist so manches Wissenswerte über die Inselgeschichte zu erfahren.

Sport & Strände

Baden: Am Schwarzen Busch und in Timmendorf sind bewachte Strände vorhanden. In Hinter Wangern und Gollwitz baden überwiegend FKK-Anhänger.
Angeln: Von den kleinen Häfen in Kirchdorf und Timmendorf starten tgl. Kutter zu Angelfahrten auf die Ostsee.
Reiten: Reiterhof Plath, Timmendorf.
Reiten im Gelände und in der Halle, Kutsch- und Kremserfahrten.
Die **Sport- und Freizeitanlagen,** z. B. Tennisplätze, Bogenschießanlage,

des Inselhotels Poel in Gollwitz (s. u.) sind gegen Gebühr allen Gästen zur Verfügung.

Kurverwaltung: 23999 Kirchdorf, Wismarsche Str. 2, Tel. 03 84 25/2 03 47, Fax 03 84 25/40 43, www.insel-poel.de, insel-poel@t-online.de

Ferien-Residenz Steinhagen: 23999 Wangern, Tel. 03 84 25/44 40, Fax 03 84 25/ 44 41 11, www.ferienresidenz-steinhagen.m-vp.de, App./F ab 59 €. Ein ehemaliges Gutshaus wurde völlig restauriert und modernisiert, entstanden sind 14 behaglich eingerichtete Appartements (von 24–50 m^2 für bis zu 6 Pers.). Bis zum Strand sind es 3 km.
Inselhotel Poel: 23999 Gollwitz, Tel. 03 84 25/2 40, Fax 03 84 25/ 2 42 22, www.inselhotelpoel.de, DZ/F ab 110 €.
Strandnahes Hotel mit umfangreichen Sport- und Freizeitanlagen, u. a. Schwimmbad.

Poeler Forellenhof: in Niendorf, Wismarsche Str. 13, Tel. 03 84 25/42 00, www.poeler-forellenhof.de, tgl. geöffnet, Hauptgerichte 8–14 €.
Die Spezialität des Hauses, der Poeler Bratfischteller, kostet, 13,10 €.

Bus: Von Gollwitz, Kirchdorf und Timmendorf fahren Busse nach Wismar, im Sommer auch vom Schwarzen Busch.

Prerow (G 2)

Das ehemalige Seefahrer- und Fischerdorf (1800 Ew.) ist immer noch etwas für den ruhigen Urlaub, weitläufig erstreckt es sich zwischen Ostsee und Bodden. Die Häuser sind oft mit kunstvollen Haustüren geschmückt, die ältesten stammen aus dem 19. Jh. und stehen unter Denkmalschutz. Die 1992 erbaute Seebrücke führt 395 m aufs Meer (s. Tour 3, S. 112).

Sehenswert

Darß Museum: Waldstr. 48, Mai–Okt. tgl. 10–17, Nov.–April Mi–So 13–16 Uhr.
Landschaftsmuseum für Fischland-Darß-Zingst, Seemannszimmer sowie Kunstausstellungen.
Seemannskirche: Das Kircheninnere schmücken Votivschiffe, auf dem Friedhof stehen alte, mit nautischen Motiven versehene Grabsteine.
Leuchtturm Darßer Ort: Mai–Okt. tgl. 10–18, Nov.–April Mi–So 11–16 Uhr (s. Tour 3, S. 112).

Sport & Strände

Baden: 5 km langer, feiner Sandstrand im Norden, einer der schönsten an der Ostseeküste. Am Weststrand bleibt es jedem selbst überlassen, wie er baden geht: textil oder FKK.
Wellness: Der Wellnessbereich im Hotel Bernstein steht gegen Gebühr auch Nichthotelgästen offen.
Boote und **Tretboote** liegen am Strand zum Mieten bereit.
Tennisplätze rechts am Hauptübergang genannten Weg zur Seebrücke.
Minigolf: am Ende des Bernsteinwegs.
Reiten: Reittouristik Jennerjahn, Mühlenstr. 13.
Reiten auf dem Reitplatz, Ausritte in die Umgebung, Kutschfahrten.

Feste & Unterhaltung

Seebrückenfest: drei Tage um Christi Himmelfahrt.

Tonnenabschlagen (letzter So im Juli): traditionelles Volksfest hoch zu Ross.
Hafenfest (Mitte Aug.): am Prerower Strom.

Touristinformation: 18375 Prerow, Gemeindeplatz 1, Tel. 03 82 33/61 00, Fax 03 82 33/ 6 10 20, www.ostseebad-prerow.de, Zimmerinfo-Prerow@t-online.de

Haus hinter den Dünen: Bernsteinweg 6, Tel. 03 82 33/ 70 60, Fax 03 82 33/70 61 01, www.haus-hinter-den-duenen.de, FW ab 35 €.
Freundliche Anlage mit Appartements für bis 6 Pers., Minigolfanlage, Kinderspielplatz, Sauna und Solarium.
Hotel Waldschlösschen: Bernsteinweg 4, Tel. 03 82 33/61 70, Fax 4 03, www.waldschloesschen-prerow.de, DZ/F ab 85 €.
Haus in idyllischer Waldrandlage, nur wenige Minuten vom Nordstrand entfernt. Hier kann sich der Gast durch den aufmerksamen Service wohlfühlen.
Regenbogen-Camp: Tel. 03 82 33/3 31, Fax 03 82 33/6 93 51, www.regenbogen-camp.de, ganzjährig geöffnet.
Der einzige Campingplatz an der Ostseeküste von Mecklenburg-Vorpommern, auf dem Campen in den Dünen erlaubt ist. Freizeitprogramm für Kinder.

Titania: Bernsteinweg 4 (im Hotel Waldschlösschen, s. o.), tgl. geöffnet, 3-Gang-Menü am Abend 29 €, Hauptgerichte 14–26 €.
Eine der besten Essadressen in Mecklenburg-Vorpommern. Michael Jahncke verwöhnt mit kreativer Küche.
Fischrestaurant Seeblick: (am Hauptübergang zum Strand), Tel. 03 82 33/3 48, www.wolff-prerow.de, Nov.–März geschl. (außer Weihnachten/Jahreswende), Hauptgerichte um 12 €.
Von der Dachterrasse des denkmalgeschützten Fachwerkhauses bietet sich ein wunderschöner Blick auf die Seebrücke und das Meer. Wer einen Tisch direkt am Fenster wünscht, sollte reservieren lassen.
Landhaus Lange: Lange Str. 9, Tel. 03 82 33/2 23, Jan. geschl., Hauptgerichte 9–15 €.
Eine lohnende Essadresse: In dem rustikalen Restaurant mit Terrasse wird regionale und gutbürgerliche Küche zubereitet.
Teeschale im Kulturkaten: Waldstr. 42, Tel. 03 82 33/6 97 51, www.teeschale-prerow.de, nur nachmittags geöffnet, Do geschl.
Herrliches Kapitänshaus, an warmen Sommertagen werden Kaffee, Tee und Wein im Garten genossen.

Bus: Verbindungen nach Zingst und Barth sowie nach Ahrenshoop, Dierhagen und Ribnitz-Damgarten. Die Busse haben in den Sommermonaten teilweise Fahrradanhänger.

Ziele in der Umgebung

Wieck (G 3): Vorwiegend rohrgedeckte Häuser prägen das Bild des kleinen Dorfes am Boddenufer. Im modernen Nationalparkzentrum **Darßer Arche** wird eine beeindruckende Reise durch eine der schönsten Naturregionen Europas geboten. In den 400 m² großen Ausstellungsraum gelangt der Besucher, begleitet von Vogelgezwitscher, über Feuersteine (www.darsser-arche.de, Mai–Sept. tgl. 10–16.30 Uhr, Okt.–April Mo–Fr 10–16 Uhr). Überregional

Der kreisrunde ›Circus‹ von Putbus

bekannt ist das Restaurant des **Hotels Haferland**, das eine frische Küche bietet (Tel. 03 82 33/6 80, www.hotelhaferland.de, Hauptgerichte 14–21 €).

Putbus (L 3)

Klassizistische Bauwerke in strahlendem Weiß prägen den historischen Kern von Putbus, der letzten planmäßig erbauten Residenzstadt Europas (4900 Ew.). Der kreisrunde, ›Circus‹ genannte Platz bildet den Mittelpunkt, Kieswege führen zu einem Obelisken in der Mitte, der an die Stadtgründung 1810 erinnert. Putbus bildet das kulturelle Zentrum Rügens (s. Tour 5, S. 116).

Sehenswert

Park: Die meisterhaft gestaltete Anlage umgab einst das Schloss, das Anfang der 1960er Jahre gesprengt wurde. Der Marstall wird für Kulturveranstaltungen genutzt, ins Affenhaus zog das **Puppen- und Spielzeugmuseum** (tgl. 10–17 Uhr). In der **Orangerie** werden Ausstellungen gezeigt (Jan.–April, Okt.–Dez. Di–So 11–16, Mai–Sept. tgl. 11–17 Uhr). Die **Schlosskirche** entstand vor 100 Jahren aus dem Kursalon.

Historisches Uhren- und Musikgeräte-Museum: Alleestr. 13, Mai–Sept. tgl. 10–18 Uhr, Okt.–April tgl. 11–17 Uhr.
600 Uhren und Uhrmacherwerkzeuge sowie historische Musikgeräte.

Feste & Unterhaltung

Theater: Markt 13, Tel. 03 83 01/80 80, www.theater-putbus.de
Das fürstliche Theater hat weitgehend sein Aussehen von 1821 behalten, als sich zum ersten Mal der Vorhang hob.
Putbus-Festspiele (zwischen Himmelfahrt und Pfingsten): Das Festival bietet regionaler Kultur ein Podium.

Putbus-Information: 18581 Putbus, Alleestr. 3 (in der Orangerie), Tel. 03 83 01/4 31, Fax 03 83 01/6 09 64, www.putbus.de, info.putbus@putbus.de

Im Jaich: im OT Lauterbach, Yachthafen, Tel. 03 83 01/80

Kostenlos zum Putbusser Theater

Wer die Abend-Vorstellungen des Theaters in Putbus besuchen möchte, kann den eigenen Pkw an der Unterkunft im Urlaubsort stehen lassen. Die Eintrittskarte gilt als Bus-Fahrschein und zwar am jeweiligen Tag von und nach Putbus (Auskunft unter Tel. 0 38 38/1 94 40, 03 83 01/80 80).

90, Fax 03 83 01/8 09 10, www.im-jaich.de, FH ab 65 €, App. ab 49 €.
Es gibt Hotelzimmer und Appartements, der Hit jedoch sind zwölf schwimmende Ferienhäuser im Wasser des Rügischen Boddens.
Wreecher Hof: im OT Wreechen, Kastanienallee, Tel. 03 83 01/8 50, Fax 03 83 01/8 51 00, www.wreecher-hof.de, DZ/F ab 110 €.
Sieben rohrgedeckte Häuser, Wellnessabteilung und ein elegantes, viel gerühmtes Restaurant.

Nautilus: im OT Neukamp, Dorfstr. 117, Tel. 03 83 01/8 30, www.ruegen-nautlius.de, März–Okt. tgl. geöffnet, Nov.–Feb. Mo geschl., erste Jan.-Hälfte geschl., Hauptgerichte 8,50–18 €.
Eines der tollsten Erlebnisrestaurants an der Ostseeküste Mecklenburg-Vorpommerns: Kapitän Nemo lässt grüßen! Man meint 20 000 Meilen unter dem Meer zu sein.
Jägerhütte: Alleestr. 33, Tel. 03 83 01/5 10, www.jaegerhuette.de, April–Okt. tgl. geöffnet, sonst nur Sa, So, Hauptgerichte 8,50–18 €.
Vor allem Wildgerichte, Spezialität: Hirschbraten ›Jägerart‹ in Rotwein.

Bahn: Die Schmalspurbahn ›Rasender Roland‹ fährt in die Ostseebäder Binz, Sellin, Baabe und Göhren und von Mitte April–Okt. bis zum Lauterbacher Hafen, die Regionalbahn nach Lauterbach und Bergen.
Bus: Verbindungen nach Bergen sowie nach Garz und Stralsund.

Ziele in der Umgebung

Insel Vilm (L 3): Nur knapp 1 km^2 groß ist die malerische Insel, die zu DDR-Zeiten Honecker & Co in Besitz genommen hatten. Der letzte große Holzeinschlag erfolgte 1527, danach wurde der Wald sich selbst überlassen. Dem Naturschutz zuliebe dürfen zu den Führungen maximal 30 Personen auf die Insel kommen (Anmeldung bei Reederei Lenz, Tel. 03 83 01/618 96, Fax 03 83 01/6 18 74, www.fahrgastreederei-lenz.de).

Rerik (D 5)

Auf alten Karten ist noch Alt Gaarz eingetragen, denn erst 1938 bekam der Ort zwischen Ostsee und Salzhaff Stadtrecht und seinen heutigen Namen Rerik. Die Seebrücke (1991/92 errichtet) des ruhigen, beschaulichen Familienbades (2000 Ew.) gehört mit 170 m zu den kürzesten an der Küste von Mecklenburg-Vorpommern (s. Tour 4, S. 115). Auf dem benachbarten Schmiedeberg entstand ein kleiner Pavillon, von dem die 965 ha große Halbinsel Wustrow gut zu sehen ist, die bis 1993 die östliche Siegermacht als Militärbasis nutzte. 1998 wurde die Halbinsel verkauft, auf ihr soll ein Wohn- und Ferienzentrum entstehen.

Sehenswert

Heimatmuseum: Dünenstr. 4, Mitte Mai–Mitte Sept. Mo–Fr 9–18 Uhr, Sa, So 14–16 Uhr, Mitte Sept.–Mitte Mai Mo–Fr 9–12, 13–17 Uhr.
Gemälde und Zeichnungen der heimischen Landschaft, Schiffsmodelle und vieles über die Geschichte der Stadt.

Sport & Strände

Baden: Der Ostseestrand ist überwiegend feinsandig. Am Salzhaff gibt es einen Naturstrand.
Die **Schwimmbäder** in den Appartements ›Am Salzhaff‹ und der Wohnanlage Schwabe stehen nachmittags gegen Gebühr auch Nichthotelgästen offen.
Tauchschule: Schnuppertauchen an der Seebrücke, tgl. Tauchkurse, Kajak- und Kanadier-Verleih.
Tret- und Ruderboote sowie **Wasserskier** werden am Salzhaff vermietet.

Feste & Unterhaltung

Haff-Festtage (3. Juli-Wochenende): Vorwiegend Künstler aus der Region.

Kurverwaltung: 18230 Rerik, Dünenstr. 7, Tel. 03 82 96/7 84 29, Fax 03 82 96/7 85 13, www.rerik.de, info@rerik.de

Herrenhaus Blengow: in Rerik-Blengow, Dorfstr. 1, Tel. 03 82 03/1 20 55, Fax 03 82 03/ 1 20 33, www.Ostsee-Urlaub-MV.de, FW ab 45 €, App. ab 28 €.
Ferienwohnungen und Appartements (21–47 m² für bis zu 5 Pers.) in einem sorgfältig restaurierten klassizistischen Herrenhaus 2,5 km vom Reriker Sandstrand entfernt.

Zur Linde: Leuchtturmstr. 7, Tel. 03 82 96/7 91 00, Fax 03 82 96/79 19 99, www.pension-zur-linde.m-vp.de, Appartement/F ab 54 €.
Gemütliche Pension mit Schwimmbad (30° C warmes Wasser), Sauna und Solarium, Liegewiese. Alle Appartements sind mit einer kompletten Küchenzeile ausgestattet.

Ostseeresidenz Hotel Gendarm: Hauptstr. 5, 18230 Wischuer, Tel. 03 82 94/70 00, Fax 03 82 94/7 00 94, www.ostseeresidenz.de
20 Appartements (1–3 Zimmer, ab 45 €) in ruhiger Lage. Wer sich etwas gönnen möchte, bucht die 100 m² große Kapitänssuite auf 2 Etagen mit Whirlpool.

Steilküste: Parkweg, Tel. 03 82 96/7 83 86, Sommer tgl. geöffnet, Mo nur abends, im Winter wechselnder Ruhetag, Hauptgerichte 9–15 €.
In die Töpfe und Pfannen kommt nur fangfrischer Fisch. Von der Terrasse bietet sich ein fantastischer Blick auf den Sonnenuntergang.

Bus: Verbindungen nach Kröpelin, Bad Doberan, Rostock und Neubukow.

Ribnitz-Damgarten (G 4)

Die ›Doppelstadt‹ zwischen Meer und Bodden ist das westliche Tor zur Halbinsel Fischland-Darß-Zingst. Der kleine Fluss Recknitz verbindet das mecklenburgische Ribnitz mit dem vorpommerschen Damgarten. Geschichte verkörpern die Marienkirche in Ribnitz, deren älteste Teile aus der Romanik stammen, sowie das Rostocker Tor, das urkundlich erstmals 1290 erwähnt wird (s. Tour 2, S. 111). Ribnitz-Damgarten (17 400 Ew.) ist aber auch die Bernsteinstadt an der Ostseeküste Mecklenburg-Vorpommerns, 2002 wurde hier die mit 120 m längste Bernsteinkette der Welt für das Guiness-Buch der Rekorde gefertigt.

Sehenswert

Deutsches Bernstein-Museum:
Im Kloster 1–3,
www.deutsches-bernsteinmuseum.de,
März–Okt. tgl. 9.30–18.00,
Nov.–Feb. Di–So 9.30–17 Uhr.
Faszinierende Einblicke in die Beschaffenheit des Bernsteins und seine Kulturgeschichte. Das Museum fand sein Domizil im ehemaligen Klarissinnenkloster, im Chorsaal sind die ›Ribnitzer Madonnen‹ zu sehen, geschnitzte Kunstwerke aus dem Mittelalter.

Bernstein-Schaumanufaktur:
Gewerbegebiet Ost (direkt an der B 105 in Damgarten),
www.ostseeschmuck.de,
Mo–Fr 9.30–18, Sa bis 16 Uhr.
Deutschlands größter Bernsteinschmuckhersteller lässt sich in die Produktion schauen. Tolle Bernsteinausstellung und mit etwa 10 000 verschiedenen Stücken die größte Verkaufsausstellung dieser Art in Deutschland.

Sport & Strände

Schwimmen: Bodden-Therme, Körkwitzer Weg 15, www.bodden-therme.de, während der Ferien tgl. geöffnet, sonst Mo geschl.
25-m-Sportbad mit 1-m- und 3-m-Sprungturm, Wellenbecken, Strömungskanal und vielem mehr.

Ausgehen

Disko und Tanzhaus Sportpalast:
Damgarter Chaussee 42, Tel. 0 38 21/81 07 21, Disko ab 21 Uhr, Mo, Mi, Fr/Sa geöffnet.

Feste & Unterhaltung

Mittelalterspektakel: Pfingsten.
Ribnitzer Orgelsommer (Juni–Sept.): Jeden Mi werden Konzerte in der Marienkirche veranstaltet.

Stadtinformation:
18311 Ribnitz-Damgarten,
Am Markt 1, Tel. 0 38 21/22 01,
Fax 0 38 21/89 47 50,
www.ribnitz-damgarten.de,
tourismus@ribnitz-damgarten.de

Hotel Ribnitzer Hof: Lange Str. 54, Tel. 0 38 21/7 08 00,
Fax 0 38 21/7 08 01 99,
www.Ribnitzer-Hof.de, DZ/F ab 60 €.
Das 4-Sterne-Hotel hat 32 Zimmer und eine eigene kleine Bootsflotte, bestehend aus Segel-, Motor- und Ruderbooten, Kanus und Katamaranen.

Meeresbüfett: Am See 40,
Tel. 0 38 21/81 57 94,
www.kuestenfisch.de, tgl. geöffnet,
Fischgerichte um 11 €.
Die Spezialität des Hauses: Ostseebuttfilet Räuchermeister (gebratenes Filet

von der heimischen Flunder mit hausgeräuchertem Lachs gefüllt, mit Gurkengemüse und Kräuterkartoffeln) zu 10,90 €.

Bahn: Züge fahren nach Stralsund sowie nach Rostock.
Bus: Verbindungen nach Wustrow, Ahrenshoop, Prerow, Zingst, Barth, Marlow, Graal-Müritz und Warnemünde.
Schiff: Von Mitte April bis Mitte Okt. Linienfahrten nach Wustrow (mit Fahrradtransport).

Ziele in der Umgebung

Jagdschloss Gelbensande (F 4): www.jagdschloss-gelbensande, Mo–Do 10–16, Sa, So 14–17 Uhr.
1904 fand in dem 10 km entfernten Schloss die Verlobung des preußischen Kronprinzen Wilhelm mit Prinzessin Cecilie aus dem Schweriner Herzogshaus statt (s. Tour 2, S. 110f.)

Freilichtmuseum Klockenhagen (G 4): Tel. 0 38 21/27 75, April–Okt. tgl. 9–17 Uhr.
Rund um ein 300 Jahre altes Bauernhaus entstand 5 km westlich von Ribnitz-Damgarten ein Freilichtmuseum (s. Tour 2, S. 111). Im Sommer wird alle zwei Wochen am Sa im alten holzbeheizten Backofen Brot gebacken (Termine sind telefonisch zu erfragen).

Vogelpark Marlow (G 4): Tel. 03 82 21/2 65, www.vogelpark-marlow.de, Mitte März–Mitte Okt., Kassenöffnungszeit 9–16 Uhr (danach Aufenthalt max. 2 Std.), Mitte Okt.–Mitte März Kasse 10–16 Uhr (Aufenthalt bis Einbruch der Dunkelheit).
15 km sind es von Ribnitz-Damgarten in südöstlicher Richtung bis nach Marlow zum Vogelpark. Rund 150 Vogelar-

Rostock: Blick auf den Hafen und die trutzig wirkende Marienkirche

ten aus allen Erdteilen sind zu sehen, die Freianlagen und Volieren sind teilweise begehbar.

Rostock (F 5)

Rostock ist die größte Stadt und das Wirtschaftszentrum des Bundeslandes Mecklenburg-Vorpommern. Viele Backsteinbauten in der Altstadt, allen voran die prachtvollen Kirchen, erinnern noch an die Hansezeit, als Rostock eine der reichsten Städte im Ostseeraum war. Hafen, Schifffahrt und Schiffbau spielen in der Stadt (204 000 Ew.) bis heute eine Rolle (s. Tour 1, S. 108f.; Tour 2, S. 110). Zu DDR-Zeiten sind vor allem im Nordwesten riesige Satellitenstädte entstanden, die Rostock mit seinem Seebad Warnemünde (s. S. 94ff.) verbinden. Seit Herbst 2003 führt der 790 m lange und 22,5 m breite mautpflichtige Warnowtunnel vom West- zum Ostteil der Stadt. Er ist das erste privat finanzierte Verkehrsprojekt Deutschlands.

Sehenswert

Kirchen: Die Marienkirche besitzt mit der Astronomischen Uhr von 1472 ihr wertvollstes Ausstattungsstück. Das Schiff der Nikolaikirche wird als Konzertsaal genutzt. Im 117 m hohen Turm der Petrikirche fährt ein Fahrstuhl zum Aussichtsgeschoss (www.petrikirche-rostock.de).

Botanischer Garten:
Freigelände Hamburger Str. 28,
Mitte März–Nov. Di–Do 7–15.45,
Fr 7–14, Sa,So 9–16 Uhr.
Parkähnliche Anlage mit etwa 10 000 Pflanzenarten und einer Gebirgsanlage mit Japanischem Garten.

Universitätsplatz: Dominierend sind das Universitätshauptgebäude im Neorenaissancestil, das ehemalige Neue Museum sowie das Barocksaalgebäude von 1750. Das Blücherdenkmal mit einer von Goethe verfassten Sockelinschrift erinnert an den 1742 in Rostock geborenen Feldherrn. Der beckenlose Brunnen der Lebensfreude mit Bronzefiguren stammt von 1980, das Fünf-Giebel-Haus mit einem Glockenspiel von 1986.

Kulturhistorisches Museum: Klosterhof, Di–So Mai–Sept. 10–18 Uhr,
Okt.–April 11–17 Uhr.
Im Kloster Zum Heiligen Kreuz werden viele Kunstschätze der Stadt sowie niederländische Malerei und Kunsthandwerk des 16. bis 19. Jh. gezeigt.

Kunsthalle: Hamburger Str. 40,
Mai–Sept. Di–So 10–18 Uhr,
Okt.–April Mi–So 11–17 Uhr.
Zeitgenössische Kunst aus dem Ostseeraum und speziell aus dem Nordosten Deutschlands. Einen wichtigen Bestandteil der Sammlung bildet der Nachlass des Malers Otto Niemeyer-Holstein.

Highlight 7

Traditionsschiff: am Ufer des Breitling im Stadtteil Schmarl,
Di–So Mai–Sept. 10–18 Uhr,
Okt.–April 11–17 Uhr.
Das 10 0000-Tonnen-Frachtschiff vom Typ ›Frieden‹ fuhr 12 Jahre mit der DDR-Fahne am Heck über die Weltmeere. An Bord ist die Ausstellung ›1000 Jahre Schiffbau in Mecklenburg und Vorpommern‹ zu sehen, besichtigt werden kann auch der original erhaltene Maschinenraum.

Sport & Strände

Über das Sport- und Freizeitangebot informiert die Rostock-Information. Wenn die Bundesliga-Mannschaft Hansa Rostock spielt, treffen sich die Fußballfans im Ostseestadion, Kopernikusstr.

Ausgehen

Diskothek Speicher: Am Strande 3, Mi–Sa ab 21 Uhr.
Von der Oldie- bis zur Teenie-Party.
Studentenkeller: Universitätsplatz.
In diesem Treff für junge Leute kann man bis zum frühen Morgen diskutieren.

Feste & Unterhaltung

Hanse-Sail (Aug.): s. S. 20.
Der **Weihnachtsmarkt** von Ende Nov. bis kurz vor Weihnachten präsentiert sich als großer Jahrmarkt.
Volkstheater: Doberaner Str. 134/135, Informationen über den Spielplan unter Tel. 03 81/3 81 46 00.
Oper, Operette, Ballett, Schauspiel, Konzerte. Neben dem Großen Haus in der Doberaner Straße wird seit 1998 auch im Theater am Stadthafen gespielt, zu

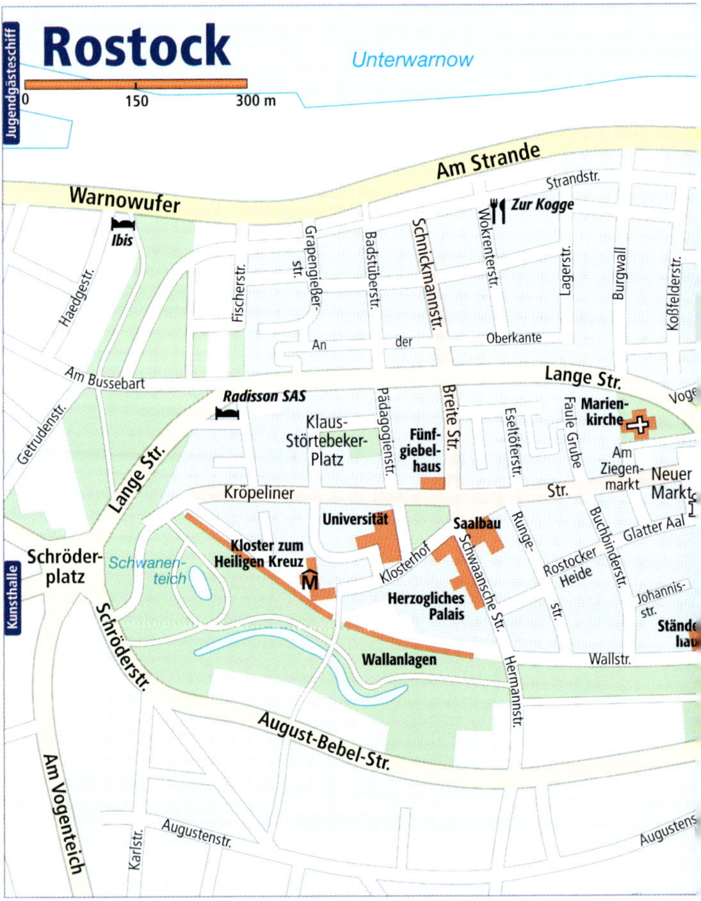

dem ein altes Hafengebäude umgebaut wurde.

CineStar – Der Filmpalast:
St. Petersburger Str.
Mecklenburg-Vorpommerns größtes Kino mit modernster Technik im Stadtteil Lütten Klein, in sieben Kinos finden 2000 Besucher Platz.

Rostock-Information: 18055 Rostock, Neuer Markt 3, Tel. 03 81/3 81 22 22, Fax 03 81/3 81 26 01, www.rostock.de, touristinfo@rostock.de

Ibis: Warnowufer 42/43, Tel. 03 81/24 22 10, Fax 03 81/24 22 14 44, www.ibishotel.com, DZ ab 46 €.
Die klimatisierten 91 Zimmer haben zeitgemäßen Komfort, das Preis-Leistungs-Verhältnis stimmt.

Steigenberger Hotel Sonne:
Neuer Markt 2, Tel. 03 81/4 87 30,

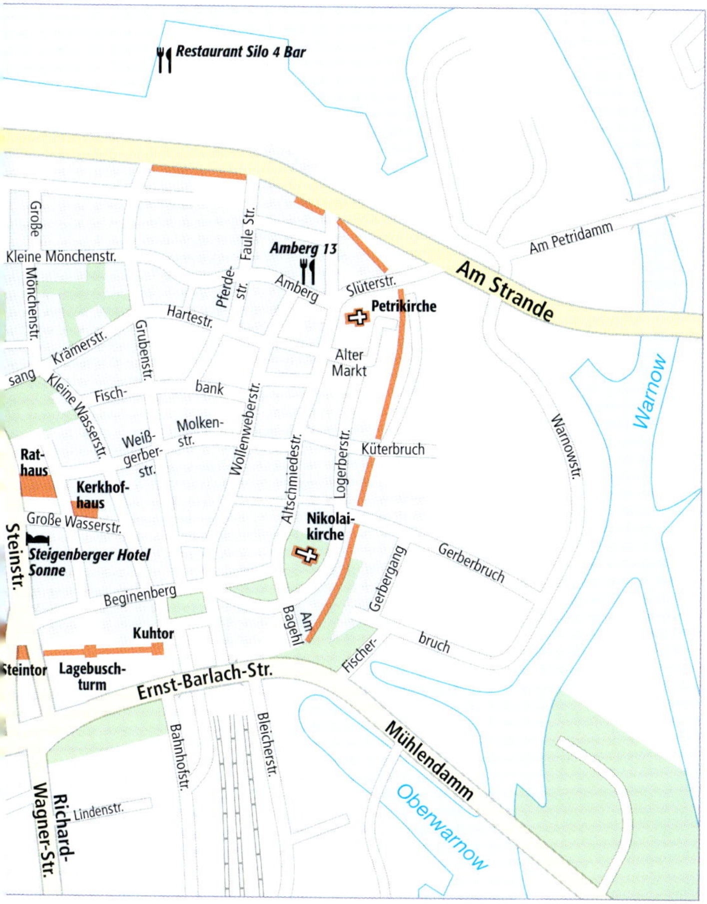

Fax 03 81/4 97 33 51, www.rostock.steigenberger.de, DZ/F ab 119 €. Das beste Haus der Stadt mit 132 komfortabel eingerichteten Zimmern und Suiten befindet sich in idealer Citylage.

Radisson SAS: Lange Str. 40, Tel. 03 81/3 75 00, Fax 03 81/ 37 50 10, www.radissonsas.com, DZ/F ab 114 €. 251 moderne, komfortable Zimmer in Rostocks jüngstem Hotel im Herzen der Stadt. Saunalandschaft mit Schwimmbecken und Blick über Rostock.

Jugendgästeschiff: Am Stadthafen, Tel. 03 81/6 70 03 20, Fax 6 70 03 21, www.djh-mv.de, Ü/F Jugendliche 14 €, Senioren 17 €.

Das 10 000-Tonnen-Frachtschiff ›Georg Büchner‹ soll die weltweit einzige schwimmende Jugendherberge auf einem Stahlschiff dieser Größe sein. Die 50 Betten befinden sich in Ein- bis Sechs-Bett-Kojen (teilweise mit Dusche/WC).

Shoppen auf der Rostocker ›Kröpi‹

Die Kröpeliner Straße im Zentrum von Rostock, von den Einheimischen kurz ›Kröpi‹ genannt, gilt als Shoppingmeile der Hansestadt. Hinter dem Haus Nr. 26, dem einstigen Hotel Rostocker Hof, verbirgt sich die Einkaufspassage Rostocker Hof mit etwa 40 Geschäften und Restaurants. Im Pressezentrum im 1. Obergeschoss befinden sich über 50 CD-Abhörstationen, neuerdings kann man sich hier seine individuelle Musik-CD selbst bespielen. Gern besucht wird das Eiscafé Milano im Erdgeschoss (www.rostocker-hof.de).

Restaurant Silo 4 Bar: Am Strande 3 d, Tel. 03 81/4 58 58 00, www.silo4.de, Di–Sa nur abends, So Brunch ab 10.30 Uhr, Hauptgerichte 11,50–14,50 €. In der 7. Etage des alten, modernisierten Speichers eine offene Showküche, kulinarische Köstlichkeiten und ein spannender Blick über den Stadthafen.

Zur Kogge: Wokrenterstr. 27, Tel. 03 81/4 93 44 93, www.zur-kogge.m-vp.de, tgl. geöffnet, Hauptgerichte 8–17 €. Das maritime Lokal ist eine Institution! Am Abend bleibt selten ein Stuhl unbesetzt.

Amberg 13 – Das Altstadtrestaurant: Amberg 13, Tel. 03 81/4 90 62 62, www.altstadtrestaurant.de, Mo geschl., Di–So nur abends, Hauptgerichte 12–16 €. Karte mit mediterranem Einschlag.

Bahn: Verbindungen nach Stralsund sowie nach Schwerin und nach Neustrelitz. Am Hauptbahnhof fahren auch die doppelstöckigen S-Bahn-Züge nach Warnemünde ab.

Bus: Linienbusse in alle Richtungen, auch nach Warnemünde.

Schiff: Mit der Fähre nach Helsinki und Hanko (Finnland), Tallin (Estland), Liepaja (Lettland). Für Landratten ein besonders Erlebnis: ein Ausflug mit der Fähre nach Gedser/Dänemark oder Trelleborg/Schweden (Scandlines, Tel. 0 18 05/72 26 35 46 37, www.scandlines.de; TT-Line, Tel. 03 81/67 07 90, www.ttline.com). In der warmen Jahreszeit besteht Schiffsverkehr (mit Erläuterungen) nach Warnemünde.

Ziele in der Umgebung

Göldenitz (F 5): Im Modell- und Landschaftspark Sehland sind die schönsten

Bauwerke des Bundeslandes Mecklenburg-Vorpommern im Miniaturformat zu sehen, unter ihnen das Jagdschloss Gelbensande, das aus 39 700 Einzelteilen besteht (www.sehland-mv.de, Okt.–Mai 10–17, Juni–Sept. bis 18 Uhr). Die einstige Dorfschule wurde zum Landschulmuseum mit den original um die Wende zum 20. Jh. eingerichtetem Schulzimmer und der Lehrerwohnung (Di, Do, Sa 9–17, Mai–Okt. auch Mi, Fr 9–14 Uhr).

Rügen, Insel

Siehe Bergen, S.50f.; Binz, S. 51ff.; Breege-Juliusruh, S. 56f.; Göhren, S. 58f.; Kap Arkona,S. 68f.; Putbus, S. 76f.; Sassnitz, S. 85f.; Sellin, S. 86ff.

Sassnitz (L 2)

Um die Wende vom 19. zum 20. Jh. war Sassnitz Rügens berühmtester Badeort. Theodor Fontane ließ in seinem Roman ›Effi Briest‹ die gleichnamige Protagonistin zur Kur hierher reisen. Beliebt sind Spaziergänge auf der 1444 m langen Mole. Sassnitz (11 800 Ew.) mit dem Fährhafen südlich der Stadt (bis 1998 firmierte er unter Neu Mukran) ist das Tor nach Skandinavien, aber auch das Tor zum kleinsten deutschen Nationalpark, Jasmund (s. S. 86).

Sehenswert

Alaris-Schmetterlingspark: Straße der Jugend 6, www.alaris-schmetterlingspark.de, April–Okt. Di–So 9.30–17 Uhr.
Tropisches Regenwaldklima mit einer üppigen Vegetation und einem leise plätschernden Wasserfall. Hunderte von farbigen Schmetterlingen flattern in der 500 m² großen und 10 m hohen Tropenhalle.

U-Boot ›H.M.S. Otus‹: im Stadthafen, www.Erlebniswelt-U-Boot.de, Mai–Okt. tgl. 10–19 Uhr, Nov.–April bis 16 Uhr.
Im Falkland-Krieg und im Persischen Golf war das britische, 1962 erbaute U-Boot ›Otus‹ im Einsatz, seit 2002 liegt es für immer fest vertäut in Sassnitz und wurde Museum.

Fischerei- und Hafenmuseum: im Stadthafen, Di–So 10–17 Uhr (April–Okt. auch Mo).
Das originellste Exponat des Museums: der 1990 in Pension gegangene Fischkutter ›Havel‹.

Feste & Unterhaltung

Rügener Hafentage (2. Juli-Wochenende): mit buntem Programm.

Tourist-Service: 18546 Sassnitz, Strandpomenade 12 und Bahnhofstr. 19 a, Tel. 03 83 92/64 90, Fax 03 83 92/6 49 20, www.touristservice-sassnitz.de, mail@touristservice-sassnitz.de

Hotel Waterkant: Walterstr. 3, Tel. 03 83 92/5 09 41, Fax 03 83 92/5 08 44, www.hotel-water kant.de, DZ/F ab 55 €.
Kleines Hotel garni mit fabelhaftem Blick auf Stadthafen und Ostsee.

Silence Panoramahotel Lohme: 18551 Lohme (9 km von Sassnitz), Dorfstr. 35, Tel. 03 83 02/91 10, Fax 03 83 02/92 34, www.lohme.com, DZ/F ab 64 €.
Eines der am schönsten gelegenen Hotels auf Rügen: oberhalb der Steilküste über dem Hafen von Lohme. Es besteht aus mehreren traditionsreichen Häusern.

Altstadt-Brasserie: Am Alten Markt 4, Tel. 03 83 92/2 34 53, www.Altstadt-Brasserie.de, tgl. geöffnet, Hauptgerichte 6–15 €. Serviert wird eine leichte Küche mit mediterranem Einschlag.
Gastmahl des Meeres: Strandpromenade 2, Tel. 03 83 92/51 70, www.wild-east.de/firmen/gastmahl-desmeeres, tgl. geöffnet, Hauptgerichte 6–14 €.
Fisch in allen Variationen.

Bahn: Mit der Regionalbahn nach Bergen und Stralsund.
Bus: Züge nach Binz, Sellin, Baabe, Göhren, Thiessow, Klein Zicker sowie nach Sagard, Glowe, Juliusruh, Altenkirchen, Wiek und über Hagen/Königsstuhl und Lohme nach Glowe.
Schiff: Mai–Sept. tgl. Fahrten zu den Kreidefelsen sowie nach Binz, Sellin und Göhren.

Ziele in der Umgebung

Fischkutter und Fahrgastschiffe fahren vom Stadthafen zur **Kreideküste der Stubbenkammer** (s. u.) und zum **Kap Arkona**, legen aber nicht an (Abfahrtszeiten: 10 Uhr–ca. 16 Uhr, Parkmöglichkeiten im Stadthafen).

Highlight 8

Nationalpark Jasmund (I 1/2): Der Buchenwald nördlich von Sassnitz mit den Kreidefelsen der Stubbenkammer wurde 1990 zum Nationalpark erklärt, mit 3000 ha der kleinste in Deutschland. Neben dem größten zusammenhängenden Buchenwaldgebiet an der Ostseeküste werden in den Mooren Wollgras, Sonnentau und Riesenschachtelhalm geschützt. Zu den Seltenheiten der Flora gehören der Springfrosch und die Schlingnatter. Die Herthasee genannte wassergefüllte Senke entstammt vermutlich der letzten Eiszeit, das Grab am Eingang zum Königsstuhl der Bronzezeit.

Beim Königsstuhl befindet sich das **Nationalparkzentrum** (Tel. 03 83 02/6 61 70, www.koenigsstuhl.com, Mitte März–Okt tgl. 9–19, Juli, Aug. tgl. 9–22, Nov.–Mitte März tgl. 10–17 Uhr). Der Eintrittspreis von 6 € umfasst die Benutzung des Pendelbusses vom Parkplatz Hagen zum Nationalparkzentrum und den Blick vom **Königsstuhl.**

Von Sassnitz führt ein schöner 8 km langer Wanderweg zum Königsstuhl, vorbei an den **Wissower Klinken,** die durch einen gewaltigen Absturz im Februar 2005 ihr faszinierendes Aussehen verloren haben. **Achtung:** Wer am Ende der Wanderung die Aussichtsplattform des Kreidefelsens Königsstuhl betreten möchte, muss zahlen (s. o.)! Diesen Weg ist auch Elisabeth von Arnim gegangen, die 1900 in ihrem Reiseroman ›Elisabeth auf Rügen‹ schwärmte: »Ich glaube, es gibt wenige Wege auf der Welt, die von Anfang bis Ende so vollkommen schön sind.«

Sellin (L 3)

Im Nordosten die Ostsee, im Südwesten der Selliner See – das macht den Reiz des bekannten Ostseebades (2600 Ew.) auf Rügen aus. Charakteristisch sind zahlreiche kleine Pensionen und Hotels im Stil der Bäderarchitektur. Etwas abseits liegen die stillen, romantischen Ortsteile Altensien, Neuensien, Moritzdorf und Seedorf. Kurkartenbesitzer können die umweltfreundliche, gasbetriebene Bäderbahn kostenlos nutzen (s. Tour 5, S. 117).

Die Seebrücke von Sellin

9

Highlight

Seebrücke: Eines der touristischen Hauptattraktionen von Rügen ist die Seebrücke von Sellin. Vom Ende der Wilhelmstraße führen 187 Stufen und ein Aufzug nach unten zum Strand und zur 394 m langen Brücke, der längsten auf Rügen. 1998 wurden ihre nach historischem Vorbild errichteten Aufbauten eingeweiht. Der Vorgängerbau war im Winter 1941/42 starkem Eisgang zum Opfer gefallen.

Sehenswert

Bernsteinmuseum: Granitzer Str. 43, Mo–Fr 10–12, 14–17 Uhr, Sa 10–12 Uhr.
Goldschmiedemeister Kintzel hat allerlei Interessantes zum Thema Bernstein zusammengetragen.

Sport & Strände

Baden: Sellin bietet Sonnenanbetern feine, weiße Sandstrände. Der Hauptstrand an der Seebrücke ist schmal und meist voll, ruhiger zu geht es am Südstrand mit Wasserrutsche.

Eine Hochzeit auf Rügen?

Rügen – das ist die Insel, auf der ganz offenkundig gern geheiratet und geflittert wird. Von weither kommen die Paare angereist, um sich im berühmten Schinkel-Leuchtturm auf Kap Arkona, in den edlen Schlössern Granitz und Ralswiek, im schmucken Turmzimmer des Göhrener Hotels Hanseatic oder im jahrhundertealten Benedix-Haus in Bergen das Ja-Wort zu geben. In der Beliebtheitsskala ganz vorn rangiert eine Hochzeits-Zeremonie über den Ostseewellen: entweder auf einem Fahrgastschiff oder auf der Seebrücke in Sellin. Informationen erhalten Heiratswillige bei der Tourismuszentrale Rügen (Tel. 0 38 38/8 07 70, www.ruegen.org/infolisten).

Inselparadies: Badstr. 1, www.insel paradies, tgl. geöffnet.
Freizeitbad mit Innen- und Außenbecken, einer 100 m langen Rutsche und Saunalandschaft.
Bootsverleih am Südstrand und am Selliner See.
Bowlingcenter ›Wooge‹: im Seepark Sellin, tgl. geöffnet.
Großer Freizeitspaß auf acht Bahnen.

Einkaufen

Katen: Granitzer Str. 11.
Rügentypische Souvenirs in großer Auswahl, vieles entsteht in der eigenen Werkstatt.

Feste & Unterhaltung

Seebrückenfest: Am letzten Juli-Wochenende.

Kurverwaltung: 18586 Sellin, Warmbadstr. 4, Tel. 03 83 03/16 11, Fax 03 83 03/8 72 05, www.ostseebad-sellin.de, kv@ostseebad-sellin.de

Cliff-Hotel: Siedlung am Wald, Tel. 08 00/2 54 33 46 (gebührenfrei), Fax 03 83 03/84 95, www.cliff-hotel.de, DZ/F ab 118 €.
5-Sterne-Hotel in toller Lage mit beeindruckendem Wellnessbereich und Fahrstuhl zum Strand.
Hotel-Park Ambiance: Wilhelmstr. 34, Tel. 03 83 03/12 20, Fax 03 83 03/12 21 22, www.hotel-ambiance.de, DZ/F ab 120 €.
Ein kleines Ferienparadies aus fünf historischen Villen, die unterirdisch durch eine Bade- und Felslandschaft miteinander verbunden sind.

Ambiance-Restaurants: Wilhelmstr. 34 (im gleichnamigen Hotel), Tel. 03 83 03/12 20, www.hotel-ambiance.de, Hauptgerichte 17–26 €.
Drei Restaurants unter einem Dach, sehr gute Küche, freundlicher Service.
Seebrücke: Tel. 03 83 03/82 90, www.cliff-hotel.de, tgl. geöffnet, Hauptgerichte 11–16 €.
Behaglichkeit im Palmengarten und Kaiserpavillon. Mit Tischfernrohren kann man dabei den Schiffen und Badenixen zuschauen.

Bahn: Die Schmalspurbahn ›Rasender Roland‹ fährt nach Binz, Putbus und von Mitte April bis Okt. weiter bis zum Hafen von Lauterbach, in der Gegenrichtung nach Baabe und Göhren.
Bus: Verbindungen nach Bergen sowie nach Binz, Sassnitz und nach Göhren, Thiessow und Klein Zicker.

Schiff: Mai–Sept. von der Seebrücke tgl. nach Binz, Sassnitz, nach Göhren sowie zu den Kreidefelsen.

Stralsund (J 3)

Das Ziegelrot der Backsteine dominiert in der Hansestadt (61 000 Ew.), deren Altstadt mit mächtigen in den Himmel ragenden Kirchtürmen 2002 von der UNESCO zum Welterbe erklärt wurde. Besonders schön anzuschauen ist das Rathaus mit seiner Schmuckfassade, das als das schönste im norddeutschen Raum gilt. Bezaubernd ist der Blick auf Stralsund jenseits vom Rügendamm, von Altefähr aus. Bereits Wilhelm von Humboldt hat 1796 in seinem Tagebuch davon geschwärmt und bis heute hat diese Beschreibung ihre Gültigkeit behalten (s. Tour 1, S. 109).

Sehenswert

Kirchen: Die Marienkirche (Neuer Markt) ist die letzte erbaute gotische Backsteinbasilika im Norden Deutschlands. Vom Turm reicht der Blick bis nach Rügen. In der Nikolaikirche (Alter Markt/Badenstr.) faszinieren wunderschöne Plastiken, Altäre und die Astronomische Uhr aus dem 14. Jh.

10

Highlight

Deutsches Meeresmuseum Stralsund: Katharinenberg 14–20, www.meeresmuseum.de, Juni–Sept. tgl. 10–18, Okt.–Mai tgl. 10–17 Uhr.

Das meistbesuchte Museum Norddeutschlands informiert über das vielfältige Leben unter und über Wasser. In 400 000 Litern Seewasser tummeln sich mehr als 1000 Meeresbewohner. Attraktion ist außerdem das 9 m hohe, aus dem Roten Meer geborgene Korallenriff. Neu seit Ende 2003 ist das Becken für Meeresschildkröten.

Kulturhistorisches Museum: Mönchstr. 25–27, Di–So 10–17 Uhr.
Die Vor- und Frühgeschichte sowie die Stadtgeschichte sind Schwerpunkte der Ausstellung, zu sehen sind außerdem Bildende Kunst und Kunsthandwerk. Die Volkskundeausstellung ist in einem historischen Speicher in der Böttcherstr. 23 untergebracht, neu zu besichtigen ist das restaurierte Dielenhaus in der Mönchstr. 38.

MeeresWelten: im Stadthafen, Mai–Okt. tgl. 10–19 Uhr.
Unter der blauen Kuppel der Traglufthalle werden mit multimedialen Mitteln Visionen und Sinnbilder vom Meer vermittelt.

Nautineum Dänholm: auf der Insel Dänholm, Mai–Okt. tgl. 10–17 Uhr.
Seit 1999 ist die Attraktion zu besichtigen: Das 14 m lange und 86 t schwere Unterwasserlabor ›Helgoland‹, in dem deutsche Wissenschaftler in den 1970er Jahren wochenlang in den Tiefen des Meeres tätig waren. An der Pier ist Deutschlands größter Eisbrecher ›Stephan Jantzen‹ vertäut.

Sport & Strände

Hansedom: Grünhofer Bogen 18–20, Tel. 0 38 31/3 73 30, www.hansedom.de, tgl. geöffnet.
Gigantische Wassererlebnis- und Saunawelt, Sport- und Fitnesszentrum, mit Bowling- und Kegelbahnen, Squashcourts, Tennis und Kletterwand.

Die Altstadt Stralsunds mit der Nikolaikirche

Ausgehen

Disko Fun und Lollipop: Grünhofer Bogen 11–14, Mi–So ab 20.30 Uhr.
Das Publikum ist genauso gemischt wie die Musik. Regelmäßig Themenpartys und viele Aktionen.

Feste & Unterhaltung

Sundische Tage (2. Juni-Wochenende): mit der **Stralsunder Segelwoche** (s. S. 19).

Sundschwimmen: am 1. Sa im Juli.

Wallensteintage (um den 24. Juli): s. S. 20.

Ostseefestspiele (im Sommer): das Theater Vorpommern (s. u.) lädt alljährlich in die Jakobikirche und zur Seebühne im Hafen ein.

Theater Vorpommern: Olof-Palme-Platz, www.theater-vorpommern.de, Kartenreservierung Tel. 0 38 31/ 2 64 61 24.
Operette, Oper, Schauspiel, Ballett und Sinfoniekonzerte.

Stralsund-Information: 18439 Stralsund, Alter Markt 9 (neben dem Rathaus), Tel. 0 38 31/ 2 46 90, Fax 0 38 31/24 69 49, www.stralsund.de, info@stralsundtourismus.de

Schlosspark-Hotel Hohendorf: 18445 Hohendorf (12 km von Stralsund entfernt), Tel. 03 83 23/25 00, Fax 0 38 23/2 50 61, www.schlosshotel-mv.de, ab 80 €.
Etwa 10 km nördlich von Stralsund steht das zum Hotel gewordene klassizistische Schloss. Stilvoll eingerichtete Zimmer, exklusive Atmosphäre im Restaurant.

Steigenberger Hotel Baltic: Frankendamm 22, Tel. 0 38 31/20 40, Fax 0 38 31/20 49 99, www.stralsund-steigenberger.de, DZ/F ab 106 €.
Modern eingerichtete Zimmer, Wellnessbereich mit Sauna, Solarium, Fitnesscenter.
Dorint Resort & Spa: Grünhufer Bogen 18–20, Tel. 0 38 31/3 77 30, Fax 038 31/3 77 31 00, www.dorint.de/stralsund, DZ/F ab 136 €.
114 Zimmer im maritim-eleganten Stil im Freizeit- und Wellnesspark Hansedom. Wer sich etwas besonders leisten möchte, bucht eine der Marco Polo-Suiten auf der 8. und 9. Etage.

Tafelfreuden im Sommerhaus: Jungfernstieg 5 a, Tel. 0 38 31/29 92 60, www.gourmetguide.com/tafelfreuden, Mo geschl., Hauptgerichte 10–19 €.
Eine der besten gastronomischen Adressen der Hansestadt. Die Spezialität des Hauses ist das Straußensteak mit karamelisierten Zuckerschoten, Melonen-Gemüse und Olivenkartoffeln zu.

Die StralsundCard

Klein und handlich wie eine Chipkarte ist die **Stralsund-Card,** die in jede Tasche passt. Wer sie vorweisen kann, für den entfällt das häufige Schlangestehen in den Sommermonaten vor dem Meeresmuseum. Die Karte, die ab der Entwertung 48 Stunden gilt, bietet Preisvergünstigungen bei Hafenrundfahrten, Museumsbesuchen und anderem. Touristen-Cards gibt es übrigens auch in Rostock und auf Rügen.

Torschließerhaus: Am Kütertor, Tel. 0 38 31/29 30 32, tgl. geöffnet, Hauptgerichte 8–11 €.
Urgemütliche rustikale Gaststätte, im Sommer mit kleinem, ruhig gelegenen Biergarten.

Bahn: Direktverbindungen in viele Regionen, die Regionalbahn fährt auch zur Insel Rügen (Bergen, Sassnitz, Binz, Putbus, Lauterbach).
Bus: Fast alle Orte in der Umgebung sind mit Bussen erreichbar.
Schiff: Eine Personenfähre verkehrt von Mai–Sept. 10.45–17.45 Uhr über den Strelasund nach Altefähr auf Rügen. Eine weitere fährt im Sommer zur Insel Hiddensee.

Ziele in der Umgebung

Kranich-Informationszentrum Groß Mohrsdorf (J 3): Lindenstr. 27, März–Juni Mi–So 10–16 Uhr, Juli, Aug., Nov. Di–So 10–16.30 Uhr, Sept., Okt. Mo–So 9.30–17.30 Uhr.
In dem kleinen, etwa 10 km von Stralsund entfernten Dorf entstand das Kranich-Informationszentrum, Deutschlands umfassendste Kranichausstellung. In der Zingst-Bock-Region sammeln sich im Frühjahr und im Herbst jährlich mehr als 40 000 Kraniche. Von kleinen Aussichtstürmen nördlich und westlich von Groß Mohrsdorf sind die scheuen Vögel zu beobachten.

Ueckermünde (N 7)

Kurz vor der Mündung der Uecker in das Stettiner Haff liegt das Städtchen, dessen Silhouette seit Jahrhunderten unverändert von Kirch- und Schlossturm geprägt wird. Der Name Uecker geht auf *ucra* (slawisch: Grenze) zurück. Im Stadthafen wird dem Ein- und Auslaufen von Jachten und Fahrgastschiffen zugeschaut. Die Hektik großer Urlaubsorte hat Ueckermünde (11 700 Ew.) nicht zu bieten, hier geht es beschaulich zu. Die Umgebung mit Wald, Wasser und Heide bietet eine scheinbar noch unberührte Natur.

Sehenswert

Haffmuseum: Am Rathaus 3 (im Schloss), Di 9–12, 13–17, Mi, Do bis 16, Fr bis 15, Sa 13–16, So 10–12, 13–16 Uhr, Okt.–April Sa, So geschl.
Das Museum im Renaissanceschloss zeigt Ausstellungen zur Ur- und Frühgeschichte, Stadtgeschichte, Handwerk und Handel. Im Turm führt eine Wendeltreppe zur Aussichtsetage.

Tierpark: Chausseestr. 76, www.tierpark-ueckermuende.de, April–Okt. tgl. 9–18, Nov.–März tgl. 9–16 Uhr.
Mehr als 150 Tierarten tummeln sich auf dem Gelände, besonders erlebnisreich sind der Besuch bei der Berberaffenfamilie sowie die Kolonie der frei lebenden Graureiher mit etwa 300 Brutpaaren. Interessant ist auch der kulturhistorische Bereich mit Fischerhaus, Bockwindmühle, Fischkutter, Räucherofen und Ausstellungsscheune.

Sport & Strände

Baden: Das **Haffbad** unmittelbar an der Ueckermündung hat einen fast 1000 m langen Sandstrand, das flach abfallende Ufer ist für Kinder ideal. Strandkörbe stehen zum Mieten bereit.

Touristikinformation: 17373 Ueckermünde, Ueckerstr. 96, Tel. 03 97 71/2 84 84, Fax 03 97 71/2 84 87, www.ueckermuende.de, info@ueckermuende.de

Hotel Pommernyacht: Altes Bollwerk 1b, Tel. 03 97 71/21 50, Fax 03 97 71/2 43 95, www.pommernyacht.de, DZ/F ab 70 €.
In der Form eines Schiffes gebaut, direkt an der Uecker mit Blick auf den Pier und den Ueckerpark. Besonders komfortabel sind die beiden Kapitänszimmer.

Pommernmühle: Liepgartener Str. 88a, Tel. 03 97 71/20 00, Fax 03 97 71/2 00 99, www.pommern-muehle.de, DZ/ F 90 €.
Behaglicher Komfort um eine alte Mühle am Stadtrand. Kegel- und Bowlingbahn sowie Hallenbad mit Gegenstromanlage und Saunen.

Wirtshaus am Speicher: Ueckerstr. 109, Tel. 03 97 71/5 45 35, nur abends, So geschl., Hauptgerichte 11–16 €.
Fangfrischer Fisch und heimisches Wild. Auf die Tagesangebote achten.

Feste & Unterhaltung

Ueckermünder Hafftage (letztes Juli-Wochenende): traditionelles Volksfest mit Open-Air-Events, Rummel, Marktschreiern und vielen sportlichen Veranstaltungen.

Bahn: Züge fahren nach Eggesin, Torgelow und Pasewalk.
Bus: Verbindungen nach Anklam, Neubrandenburg, Eggesin, Torgelow und Pasewalk.

Usedom, Insel

Siehe Ahlbeck, S. 38f.; Bansin, S. 47f.; Heringsdorf, S. 64f.; Koserow, S. 69ff.; Zinnowitz, S. 103ff.

Warnemünde (F 4)

Warnemünde, der lebendigste aller Ferienorte an der Küste von Mecklenburg, ist eigentlich ein Vorort von Rostock. Die Hansestadt kaufte 1323 das damalige Dorf, um einen Zugang zum Meer zu bekommen. Erlebnisreich ist der Spaziergang vom Alten Strom mit Fischer- und Segelbooten, Kneipen und Restaurants zum 37 m hohen Leuchtturm. Von dort wählt man den Weg über die 541 m lange Westmole, um dann an der Promenade entlangzuspazieren, wo sich der ›Teepott‹ befindet. Der Hyperschalenbau, eines der Wahrzeichen von Warnemünde, hat nach jahrelangem Leerstand seit Sommer 2002 wieder geöffnet, er beherbergt Geschäfte, Restaurants und ein Museum.

Sehenswert

Heimatmuseum: Alexandrinenstr. 31, Mai–Sept. Di–So 10–18 Uhr, Okt.–April Mi–So 11–15 Uhr.
Hier erfährt man einiges über die Lebensweise der Seeleute und Fischer im 19. Jh., das Lotsenwesen und die Seenotrettung sowie die Entwicklung Warnemündes.

Reinhold Kasten: ›Der letzte große Abenteurer des 20. Jahrhunderts‹: Strandpromenade (im ›Teepott‹), tgl. 10–18 Uhr.
Etwa 8000 Exponate sind zu sehen, die der ehemalige Lübecker Kapitän Reinhold Kasten in Jahrzehnten zusammen-

Eines der größten Segelsport-Events: die Warnemünder Woche

getragen hat. Auf seinen Reisen hat er mehr als 1 Mio. Seemeilen zurückgelegt, 24-mal durchfuhr er das Bermudadreieck, 20-mal umsegelte er Kap Horn und überlebte dabei vier Schiffsuntergänge.

11

Highlight

Alter Strom: Die einstige Warnow-Verbindung zur Ostsee atmet noch viel von dem Fischerdörfchen, das Warnemünde einst war. Am Alten Strom liegen Kutter, von denen Fischbrötchen verkauft werden, Fahrgastschiffe, die zu Hafenrundfahrten ablegen und Segelyachten, die einen Zwischenstopp eingelegt haben. Der gleichnamige Straßenzug wurde zur maritimen Meile Warnemündes, in der sich in der warmen Jahreszeit die Menschen drängen. In die einstigen Fischerhäuser mit ihren typischen Vorbauten sind Boutiquen, kleine Geschäfte, Cafés und Kneipen gezogen. Gegenüber, am Ostufer des Alten Stroms, landen Fischer frischen Fisch an, werden Netze geflickt und immer duftet es aus einem Räucherofen nach leckerem Fisch.

Sport & Strände

Baden: Der rund 100 m breite Sandstrand gehört zu den schönsten an der Küste von ›Meckpom‹. Etwa 3 km zieht er sich von der Mole in Richtung Westen.

Bootsverleih östlich der Drehbrücke beim Alten Strom.

Zum **Hochseeangeln** werden die Anker ebenfalls am Alten Strom gelichtet.

Ausgehen

Kurhaus: Tel. 03 81/5 48 44 22, www.kurhaus-warnemuende.de
Veranstaltungen vielfältigster Art, die im Sommer auch im originalgetreu wiederhergestellten Kurhausgarten stattfinden.

Sky-Bar: Strandpromenade (im Hotel Neptun).
Bei schönem Sommerwetter wird bei offenem Hoteldach unter dem Sternenhimmel getanzt. Im selben Haus ist auch die **Diskothek Da Capo.**

Feste & Unterhaltung

Warnemünder Woche (1. Juli-Woche): s. S. 20.

Drachenfest (1. Sept.-Wochenende): bunte Feuerwerkskörper erleuchten den Himmel.

Warnemünde-Information: 18119 Warnemünde, Am Strom 59, Tel. 03 81/54 80 00, Fax 03 81/5 48 00 30, www.warnemuende.de

Best Western Hanse-Hotel: Parkstr. 51, Tel. 03 81/54 50, Fax 03 81/5 45 30 06, www.hanse.bestwestern.de, DZ/F ab 90 €.
Ideal die Lage hinter den Dünen und die getrennten Wohn- und Schlafbereiche der 2-Raum-Appartements.
Strand-Hotel Hübner: Seestr. 12, Tel. 03 81/5 43 40, Fax 03 81/5 43 44 44, www.hotel-huebner.de, DZ/F ab 105 €.
Feine Adresse an der Strandpromenade mit komfortabel eingerichteten Zimmern und Suiten sowie dem Wellnessbereich unter der lichtdurchfluteten Glaskuppel auf dem Dach.
Yachthafenresidenz Hohe Düne: Am Yachthafen 1, Tel. 03 81/5 04 00, Fax 03 81/50 40 60 99, www.yhd.de, DZ/F ab 150 €.
Mehrere Häuser mit 368 stilvoll eingerichteten Zimmern und Suiten, Wellness-, Spa- und Fitnesslandschaft auf 4200 m² sowie mehrere Restaurants in wunderschöner Lage auf einer Landzunge.
Camping- und Ferienpark Markgrafenheide: 18146 Markgrafenheide, Tel. 03 81/6 61 15 10, Fax 03 81/6 61 10 14, ganzjährig offen.
Direkt am Ostseestrand im Mischwaldgelände; 80 komfortable, winterfeste Ferienhäuser, Tennisplatz, Minigolf, Sauna, Solarium, Fahrradverleih.

Die Gartenlaube 1888: Anastasiastr. 24, Tel. 03 81/5 26 61, nur abends, So geschl., Hauptgerichte 19–25 €.
Gemütliches Restaurant mit guter Speisen- und Weinauswahl. Das tgl. wechselnde 4-Gang-Menü kostet 33 €.
Fischerklause: Am Strom 123, Tel. 03 81/5 25 16, Nov.–März Mo geschl., Hauptgerichte 7–15 €.
Viel Fisch in maritimem Ambiente. Empfehlenswert: der Fischteller ›Fischerklause‹ (vier Sorten gebratener Fisch mit Bratkartoffeln und Salatteller).

Bahn: Mit der doppelstöckigen S-Bahn nach Rostock.
Bus: Verbindungen nach Graal-Müritz, Ribnitz-Damgarten, Bad Doberan und Rostock.
Schiff: Im Sommer Schiffsverkehr (mit Erläuterungen) nach Rostock. Eine Autofähre pendelt tgl. zwischen Warnemünde und Hohe Düne (Markgrafenheide).

Wismar (C 6)

In großer Zahl und in hoher Qualität künden Bauwerke von der politischen und wirtschaftlichen Bedeutung, die Wismar im Mittelalter hatte, und dem Reichtum, den die Stadt besaß. Die Altstadt von Wismar mit ihren rund 300 Einzeldenkmalen wurde 2002 von der Unesco in die Welterbeliste aufgenommen. Die Bauwerke vermitteln noch die Romantik der Hansezeit (s. Tour 1, S. 108), andere erinnern an die Schwedenzeit wie beispielsweise das bestens sanierte und heute kulturell genutzte Zeughaus, das bedeutendste barocke Zeugnis schwedischer Militärarchitektur in Deutschland. 1848 fiel die herrlich an der Mecklenburger Bucht gelegene Stadt (47 000 Ew.) mit der Insel Poel an Schweden, erst seit 1903 gehört sie wieder zu Mecklenburg.

Highlight 12

Marktplatz: Mit 100 x 100 m ist es der größte Marktplatz Mecklenburg-Vorpommerns. Die zwölfeckige, 1602 fertig gestellte **Wasserkunst** im Stil der niederländischen Renaissance, die eines der Wahrzeichen Wismars ist, versorgte die Stadt bis 1897 mit Wasser. Das lang gestreckte klassizistische Rathaus an der Nordseite entstand Anfang des 19. Jh. In das **Alter Schwede** genannte backsteinerne Giebelhaus (um 1380) zog 1878 eine Gaststätte. Es ist das einzige Bürgerhaus Wismars aus dem Mittelalter, das in seiner äußeren Gestalt unverändert erhalten geblieben ist. Der Name ›Alter Schwede‹ soll an die Wismarer Schwedenzeit erinnern. Das benachbarte barocke **Reuterhaus** war so baufällig geworden, dass es 1988 abgetragen und danach originalgetreu wieder errichtet wurde.

Sehenswert

Kirchen: In der Nikolaikirche, dem größten Sakralbau der Stadt, beeindruckt das 37 m hohe Mittelschiff, eines der höchsten in ganz Deutschland. Von der Ratskirche St. Marien ließen die Bomben des Zweiten Weltkrieges nur den Turm stehen, von dem heute mehrmals täglich ein Glockenspiel ertönt. Die ebenfalls kriegszerstörte Georgenkirche wird gegenwärtig wieder aufgebaut, bis zum Jahr 2010 soll sie fertig sein.

Rathauskeller: Markt (Ostseite des Rathauses), tgl. 10–18 Uhr.
In einer der größten mittelalterlichen Kelleranlagen Norddeutschlands ist die Ausstellung ›Wismar – Bilder einer Stadt‹ zu sehen.

Stadtgeschichtliches Museum:
Schweinsbrücke 8,
Mai–Okt. Di–So 10–20,
Nov.–April Di–So 10–17 Uhr.

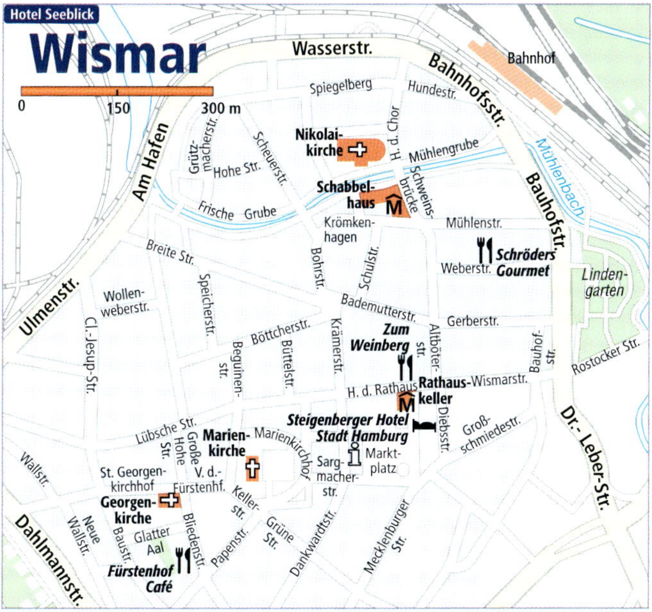

Der Marktplatz von Wismar mit der Wasserkunst

Wissenswertes über die maritime Vergangenheit der Hansestadt im Schabbellhaus aus dem 16. Jh.

Sport & Strände

Freizeitbad Wonnemar: Bürgermeister-Haupt-Str. 38, www.wonnemar.de, tgl. geöffnet.
Imponierende Anlage mit Abenteuerwellenbecken, Erlebnisaußenbecken, Palmengarten, Saunawelt, Sport-, Fitnessbereich u. v. m.

Ausgehen

Der Schlauch: Lübsche Str. 18, tgl. geöffnet.
Mittwochs können Gäste und Musiker auf dem Piano oder mitgebrachten Instrumenten spielen, oft gibt es Themenabende. Die niedrigsten Preise für Fassbiere, Wein, Longdrinks weit und breit.

Feste & Unterhaltung

Wismarer Hafentage (2. Wochenende im Juni): mit heimischer Folklore, Shantys, Rock und Straßentheater sowie aus- und einlaufenden Traditionsschiffen.

Wismar-Information: 23952 Wismar, Am Markt 11, Tel. 0 38 41/1 94 33, Fax 0 38 41/25 18 19, www.wismar.de, touristinfo@wismar.de

Hotel Seeblick: Ernst-Scheel-Str. 28, Tel. 0 38 41/6 27 40, Fax 0 38 41/6 27 46 66, www.hotel-seeblick-wismar.de, DZ/F ab 70 €.
Das 1866 erbaute und vor einigen Jahren von Grund auf sanierte und modernisierte Hotel mit 4 Zimmern befindet sich im Stadtteil Seebad Wendorf in einem kleinen Park an der 350 m langen Seebrücke.

Steigenberger Hotel Stadt Hamburg: Am Markt 24, Tel. 0 38 41/23 90, Fax 0 38 41/23 92 39, www.wismar.steigenberger.de, DZ/F ab 108 €.
Hinter der historischen Fassade verbirgt sich ein modernes Ambiente.

Schröders Gourmet: Weberstr. 18, Tel. 0 38 41/28 49 72, www.hotel-reingard.de, Di–Sa nur abends, So, Mo. geschl., 3-Gang-Menü ab 25 €, Tagesgerichte ab 6 €.

Ralf Schröder ist berufener Eurotaques Chefkoch, er gehört also zur Union der Europäischen Spitzenköche, die sich vor allem für eine gesunde Ernährung einsetzt.

Zum Weinberg: Hinter dem Rathaus 3, Tel. 0 38 41/28 35 50, www.weinberg-wismar.de, tgl. geöffnet, Hauptgerichte 6–15 €. Essen und Trinken in hanseatischer Atmosphäre in einer 300 Jahre alten Diele.

Fürstenhof Café: Bliedenstr. 32, Tel. 0 38 41/38 81 90, tgl. geöffnet. Nahe dem Fürstenhof gibt es Frühstück, Snacks, Eis und Kuchen. In der warmen Jahreszeit sitzt es sich ganz angenehm im Garten hinter dem Haus.

Bahn: Züge fahren nach Schwerin, Sternberg sowie nach Neubukow, Bad Doberan und Rostock.

Bus: In nahezu alle Orte der Umgebung bestehen Verbindungen, auch in die Städte Schwerin und Rostock.

Ziele in der Umgebung

Dorf Mecklenburg (C 6/7): In dem 7 km entfernten Dorf befinden sich nahe der Kirche die Reste der slawischen Mikilenburg, die dem Land den Namen gab. 1320 wird die Burg zum letzten Mal in den Annalen erwähnt, bereits 1472 wird sie als ›wüstgefallen‹ bezeichnet. Die Windmühle von 1849 am Ortseingang wurde zum Restaurant, in dem dazugehörenden Hotel gibt es 40 Zimmer (Tel. 0 38 41/39 80, www.

hotel-mecklenburger-muehle.m-vp.de, DZ/F ab 70 €, Hauptgerichte 6,50–16,50 €). Das Kreisagrarmuseum gibt Einblick in die landwirtschaftliche Geschichte dieser Region von der Aufhebung der Leibeigenschaft bis fast in die Gegenwart (www.nordwestmecklenburg.de, Mai–Okt. tgl. 10–15.30, Nov.–April Mo–Fr 10–16 Uhr).

Wolgast (M 5)

Die alte Herzogsresidenz (bis 1625) bildet das nordwestliche Tor zur Insel Usedom. Alte Speicher sind Relikte aus der Zeit, als Wolgast (14 000 Ew.) einen florierenden Überseehandel mit Getreide betrieb. Der größte von ihnen, auf 99 Eichenpfählen erbaut, steht am Ufer des Peenestroms und fasst 5000 t.

Sehenswert

Petrikirche: Mächtiger, spätgotischer Backsteinbau, in dessen Gruft die Sarkophage der Pommerschen Herzöge stehen. Vom 56 m hohen Turm hat man einen weiten Blick über die Stadt bis nach Usedom.

Traditionshafen: Juni–Aug. Di–So 10–18 Uhr, Sept.–Mai Mo–Fr 10–17, Sa 10–14 Uhr.

Zu sehen sind u. a. das über 100 Jahre alte Eisenbahnfährschiff ›Stralsund‹, das bis 1990 Eisenbahnwaggons vom Festland nach Usedom brachte, sowie ein alter Fischkutter.

Stadtgeschichtliches Museum: Rathausplatz 6, Di–Fr 10–17, Sa 10–14, Juni–Aug. auch So 10–14 Uhr.

›Kaffeemühle‹ nennt der Volksmund das Fachwerkhaus (17. Jh.) seiner Form wegen. Gezeigt wird Interessantes zur Stadt- und Regionalgeschichte.

Philipp-Otto-Runge-Haus: Kronwiekstr. 45, Di–Fr 10–17, Sa 10–14, Juni–Aug. auch So 10–14 Uhr.

Geburtshaus von Philipp Otto Runge (1777–1810), einem der bedeutendsten Maler der deutschen Frühromantik.

Feste & Unterhaltung

Hafentage (1. Juli-Wochenende): mit Bootscorso und viel Musik.

Internationaler Usedom-Marathon (1. Sa im Sept.): Die Läufer starten von Swinemünde und laufen bis nach Wolgast.

Wolgast-Information: 17438 Wolgast, Rathausplatz 10, Tel. 0 38 36/60 01 15, Fax 0 38 36/60 01 18, www.wolgast.de, stadtinfo@wolgast.de

Alter Speicher: Hafenstr. 4, Tel. 0 38 36/20 59 94, tgl. geöffnet, Hauptgerichte 8–13 €. In einem alten, restaurierten Speicher am Stadthafen entstand im 1. Stock ein maritim-rustikales Restaurant, das überwiegend Fisch im Angebot hat.

Bahn: Die Usedomer Bäderbahn fährt über Züssow nach Stralsund, von dort aus gibt es Anschluss an die Fernzüge, in der Gegenrichtung geht es zu den Seebädern der Insel.

Bus: Verbindungen nach Anklam, Greifswald, Trassenheide, Karlshagen, Peenemünde sowie nach Zinnowitz, Koserow und Lubmin.

Wustrow (G 3)

An der schmalsten Stelle des Fischlandes, zwischen Ostsee und Saaler Bodden, liegt das einstige Fischer- und Seefahrerdorf (1400 Ew.). Zeugen der Vergangenheit sind zahlreiche Fischer- und

Kapitänshäuser. Auf der Seebrücke kann man 240 m weit auf die Ostsee flanieren. Malerisch liegen die Bauerngehöfte im Ortsteil Barnstorf.

Sehenswert

Kirche: 95 Stufen führen hinauf zur Aussichtsgalerie im Turm, der Aufstieg wird mit einem schönen Blick auf die Umgebung belohnt. Der neogotische Backsteinbau thront auf einem künstlichen Hügel.
Fischlandhaus: Neue Str. 38, Öffnungszeiten bei der Kurverwaltung erfragen.
In dem etwa 200 Jahre alten Haus befindet sich eine Bibliothek, in drei Räumen werden wechselnde Ausstellungen gezeigt, im Sommer finden auf der Hochdiele verschiedene Veranstaltungen statt.

Sport & Strände

Baden: Feiner Sandstrand links und rechts der Seebrücke mit vielen Strandkörben. Wer die Einsamkeit liebt, zieht sich an den Bodden zurück, dort wird in kleinen Buchten gebadet.
Wellness: Im Erholungszentrum Fischland gibt es einen Wellnessbereich mit Schwimmbad, den gegen Gebühr alle Gäste nutzen dürfen.
Surfcenter Wustrow: am Parkplatz am Windrad (2 km südlich vor Wustrow), www.surfcenter-wustrow.de
Surf- und Kitingschule und Surfbrettverleih, direkt am Meer. Auch Inlineskating-Verleih.

Feste & Unterhaltung

Tonnenabschlagen: 2. So im Juli.
Seebrückenfest: letzter So im Aug.

Kurverwaltung: 18347 Wustrow, Ernst-Thälmann-Straße 11, Tel. 03 82 20/2 51, Fax 2 53, www.ostseebad-wustrow.de, kurverwaltung@ostseebad-wustrow.de

Hof Konow: Barnstorf, Hufe II, Tel. 03 82 20/60 30, Fax 03 82 20/6 03 28, www.hof-konow.de, FW ab 55 €.
Rohrdachhaus mit Sauna, Solarium auf großem Grundstück am Boddenufer. Die sechs Ferienwohnungen (50–100 m², für bis zu 6 Pers.) sind individuell eingerichtet, ein Ruderboot liegt für die Gäste bereit.
Dorint Resorts & Spa: Strandstr. 46, Tel. 03 82 20/6 50, Fax 03 82 20/6 51 00, www.dorintresorts.com/wustrow, DZ/F ab 79 €.
Ideale Lage (nur 100 m vom Badestrand entfernt) und First-Class-Komfort (u. a. 400 m² große Badelandschaft). Die Zimmer und Appartements haben Balkon oder Terrasse.

Schifferwiege: Karl-Marx-Str. 30, Tel. 03 82 20/8 03 36, tgl. geöffnet, Hauptgerichte 9–16 €.
Rund zwei Dutzend verschiedene Fischgerichte, der Fisch kommt überwiegend von den Fischern der Region.

Bus: Verbindungen nach Dierhagen, Ribnitz-Damgarten, Ahrenshoop, Prerow, Zingst und Barth.
Schiff: Von Mitte April bis Mitte Okt. Fähre nach Ribnitz-Damgarten und Dierhagen (mit Fahrradtransport).

Zingst (H 2)

Während der großen Sturmfluten 1872 und 1874 wurde der Prerowstrom verschüttet, damit wurde die bisherige Insel Zingst mit der Halbinsel Fischland-Darß verbunden. Der Ort Zingst (3200 Ew.), eingebettet zwischen Ostsee und Bodden, ist ein attraktiver Ferienort, den der Nationalpark Vorpommersche Boddenlandschaft umgibt. Die 1993 eingeweihte Seebrücke hat eine Länge von 270 m (s. Tour 3, S.113).

Sehenswert

Museumshof Zingst: Strandstr. 1 und 3, Tel. 03 82 32/1 55 61, Mai–Sept. Mo–Sa 10–17, sonst bis 16 Uhr.
Im Heimatmuseum Haus Morgensonne ist viel über die Geschichte von Zingst und der Seefahrt zu erfahren, in der benachbarten Schaumanufaktur Pommernstube werden traditionelle Handwerke gepflegt, in der Kulturscheune Lütt Pommernstuv finden interessante Veranstaltungen statt.

Kranich-Beobachtung auf Zingst

Zweimal im Jahr – im Frühjahr und im Herbst – bietet sich am östlichen Ende der Halbinsel Zingst ein Spektakel, das Vogelfreunde aus ganz Deutschland anlockt: Etwa 40 000 Kraniche machen auf ihrem Flug von bzw. nach Süden für jeweils einige Tage auf der Halbinsel Rast. Wer ein Fernglas dabei hat, kann die Tiere aus geringer Entfernung bei der Nahrungsaufnahme, vorzugsweise Mais, beobachten. Die langhalsigen, langbeinigen schiefergrauen Vögel mit langem gelbgrünem Schnabel werden bis zu 1,25 m groß, bis zu 7 kg schwer und ihre Flügelspanne beträgt bis zu 2,45 m. Auch wer die Tiere während dieser Zeit nicht sieht – der schmetternde Ruf der Grauen Kraniche (die in Europa heimische Art) ist bis zu 2 km weit zu hören.

Sport & Strände

Baden: Steinfreier, feinsandiger, 18 km langer Strand, der langsam ins Wasser abfällt. Viel Platz haben diejenigen, die sich den Strandabschnitt Richtung Sundische Wiese auswählen.
Tennis: Freizeitsportanlage Zingst, Hägerende 5.
Tennis- und Badmintonplätze in der Halle und im Freien.
Reiten: Reiterhof Illner, in Müggenburg, Landstr. 8 a.
Reitunterricht für Anfänger, Reiten auf dem Reitplatz und in der Halle, Kremserfahrten.

Feste & Unterhaltung

Zingster Gastromeile: am 2. Juni-Wochenende.
Zingster Hafenfest: am 2. Aug.-Wochenende.

Touristinformation: 18374 Zingst, Seestr. 56 (im Haus des Gastes), Tel. 03 82 32/8 15 80, Fax 03 82 32/8 15 50, www.zingst.de, Haus-des-Gastes@Zingst.de

Appartementhotel Schlösschen Sundische Wiese: Tel. 03 82 32/81 80, Fax 03 82 32/8 18 38, www.hotelschloesschen.de, DZ/F ab 67 €.
Naturfreunde sind entzückt: Das schöne alte Haus mit wohnlichen Zimmern im Landhausstil, einst als Jagschlösschen erbaut, steht einsam am Rand des Nationalparks.
Steigenberger Esprix Aparthotel Zingst: Seestr., Tel. 03 82 32/8 50, Fax 03 82 32/8 59 99,

www.zingst-esprix-hotels.de,
App. ab 77 €.
Anlage an der Seebrücke, die Appartements (50–88 m^2 für bis zu 6 Pers.) verfügen über eine ausgestattete Küche und haben Balkon oder Terrasse.

Skipper: Alte Reihe 5a, Tel. 03 82 32/156 80, tgl. geöffnet, Hauptgerichte um die 13 €.
Man fühlt sich wie im Salon eines Schiffes, die zahlreichen Sammlerstücke schaffen eine unverwechselbare Atmosphäre.

Bus: Verbindungen nach Prerow, Ahrenshoop, Dierhagen, Ribnitz-Damgarten und Barth. Die Busse haben in den Sommermonaten teilweise Fahrradanhänger.

Zinnowitz (M 4/5)

Das größte und traditionsreichste Ostseebad im nordwestlichen Teil der Insel Usedom (3700 Ew.) besitzt viele Pensionen und Hotels im Stil der Bäderarchitektur und eine Seebrücke, die 315 m weit aufs Meer hinaus führt. Ein Schmuckstück bildet die breite Kurpromenade.

Sport & Strände

Baden: Der Ort hat einen 40 m breiten und etwa 2 km langen, flach ins Meer abfallenden Sandstrand.
Wellness: Bernsteintherme, Strandpromenade, tgl. geöffnet.
Das Meerwasserbad wartet mit angenehmen 28° C auf, das Thermalbad sogar mit 32° C. Die Strandsauna befindet sich direkt am Meer.
Minigolf wird in der Dünenstr. gespielt, fünf **Tennisplätze** findet man an der Ecke Seestr./Waldstr.
Sportpark Barge: Möskenweg 24. Tennis, Badminton, Kegeln, Tischtennis, Sauna und Solarium.

Feste & Unterhaltung

Die Blechbüchse – das gelbe Theater: Heringsdorfer Weg, Tel. 03 83 77/4 09 36.
Die Vorpommersche Landesbühne Anklam bietet ein vielseitiges Programm.
Vineta-Festspiele: Juni–Aug. dreimal wöchentlich, s. S.19.
Seebrückenfest: am letzten Sa im Sept.

Kurverwaltung: 17454 Zinnowitz, Neue Strandstr. 30, Tel. 03 83 77/49 20, Fax 03 83 77/ 4 22 29, www.zinnowitz.de, KV-Zinnowitz@t-online.de

Naturfreundehaus Usedom: Dünenstr. 45, Tel. 03 83 77/ 7 70, Fax 03 83 77/7 75 05, www.naturfreundehaus-usedom.de, DZ/Halbpension ab 82 €.
Die familienfreundliche Ferienstätte (Nichtraucherhaus) verfügt über 178 Zimmer mit Dusche/WC, ein Fernseher ist auf Wunsch zu haben. Familien mit Kindern zahlen weniger als Gäste ohne Kinder, die Übernachtung ist nur mit Halbpension buchbar.
Parkhotel Am Glienberg: Glienbergweg 10 (Zufahrt über die Waldstr.), Tel. 03 83 77/7 20, Fax 03 83 77/7 24 34, www.parkhotel-am-glienberg.de, DZ/F ab 54 €.
Das sympathische Parkhotel verfügt über großzügig und modern eingerichtete Zimmer und einen hellen 500 m^2 großen Wellnessbereich mit Schwimmbad und Sauna.
Hotel Asgard mit Apartmenthaus Meereswarte: Dünenstr. 20, Tel. 03 83 77/46 70, Fax 03 83 77/46

71 24, www.hotelasgard.de,
DZ/F ab 66 €.
Schickes Haus in toller Lage mit Schwimmbad.

Camping Pommernland:
Tel. 03 83 77/4 03 48,
Fax 03 83 77/4 03 49,
www.camping-pommernland.m-vp.de,
ganzjährig geöffnet.
Auf dem 7,7 ha großen Gelände im Küstenwald unweit des Strandes sind 450 Stellflächen sowie 8 Blockhäuser (für bis zu 5 Pers.) vorhanden.

Kartoffelburg: Dünenstr. 36, Tel. 03 83 77/3 58 43, tgl. geöffnet, Hauptgerichte 4,50–14 €.
Imponierend, wie vielfältig hier die Kartoffel serviert wird: Kartoffelgratin und Kartoffel-Mandelbällchen stehen in der Gunst der Gäste ganz vorn, aber auch die klare Kartoffelsuppe und der Kartoffel-Tomaten-Salat sind gefragt. Wer nichts Neues probieren möchte, für den gibt es auch Bratkartoffeln und Kartoffelpuffer.

Museumscafé: Neue Strandstr./
Ecke Strandpromenade
(im Hotel Preußenhof),
www.schoener-inseln.de,
Tel. 03 83 77/3 94 50,
tgl. geöffnet, Hauptgerichte 5–22 €.
In dem nostalgischen Restaurant werden vorbildlich zubereitete und angerichtete Speisen serviert.

Bahn: Mit der Usedomer Bäderbahn nach Ahlbeck sowie

Der Zinnowitzer Yachthafen

nach Peenemünde und über Wolgast und Züssow nach Stralsund.

Bus: Linienverkehr nach Wolgast sowie nach Zempin und Koserow.

Schiff: Von Ende März bis Okt. wird ab Seebrücke mehrmals in der Woche nach Koserow, Heringsdorf und Swinoujscie (Swinemünde) abgelegt. Im Hafen am Achterwasser beginnen Boddenrundfahrten.

Ziele in der Umgebung

Peenemünde (M 4): Mit fünffacher Schallgeschwindigkeit raste am 3. Oktober 1942 die erste moderne Großrakete durch die Atmosphäre. Entwickelt wurde sie in Peenemünde. Wernher von Braun und sein Team konstruierten die Raketen jedoch nicht für friedliche Zwecke: Als so genannte ›Vergeltungswaffen‹ (V 2) brachten sie in den letzten Jahren des Zweiten Weltkriegs Tausenden von Menschen in London, Antwerpen und Rotterdam Tod und Leid. Die Anlagen des damals modernsten Raketenforschungszentrums der Welt wurden bis 1948 demontiert, so bestimmte es das Potsdamer Abkommen. Die Überreste firmieren heute als historisch-technisches Informationszentrum, Tel. 03 83 71/50 50, www.peenemuende.de, April–Okt. Di–So 9–18 Uhr, Nov.–März Di–So 10–16 Uhr, Juni–Sept. auch Mo geöffnet.

Das Maritim Museum zeigt im Hafen das einst größte dieselbetriebene U-Boot der Welt, das 1994 die russische Kriegsmarine außer Dienst stellte, Tel. 03 83 71/2 85 65, April–Juni, 16. Sept.–Okt. tgl. 10–18 Uhr, Juli–15. Sept. tgl. 9–21 Uhr, Nov.–März tgl. 10–16 Uhr.

Greifswalder Oie (M 3): Die 1550 m lange und maximal 570 m breite Insel hatte das Militär 1937–91 in Besitz genommen. ›Helgoland der Ostsee‹ wird die Greifswalder Oie gern genannt. Heute steht die Insel unter Naturschutz. In den Sommermonaten finden Ausflugsfahrten statt, die Abfahrtsorte wissen die Touristinformationen bzw. Kurverwaltungen.

Ruden (M 4): Ebenfalls unter Naturschutz steht die nur 800 m lange und maximal 375 m breite Insel Ruden. Über das Naturkleinod, das noch bis 1972 als Lotsenstation diente, führt ein markierter Lehr- und Wanderpfad. Seit dem Abzug der letzten DDR-Grenztruppen ist die Insel wieder mit dem Schiff erreichbar, die Abfahrtsorte sind bei den Touristinformationen bzw. Kurverwaltungen zu erfahren.

Extra-

Fünfmal Ostseeküste Mecklenburg-Vorpommern kreuz und quer:

1. Auf den Spuren der Hanse – Fahrt zu vier alten Ostseestädten
2. Klöster, Schlösser und Katen östlich von Rostock

Alle Touren sind auf dem großen Faltplan eingezeichnet

Touren

3. Im Nationalpark Vorpommersche Boddenlandschaft
4. Eine Fahrt zur Wiege des Badelebens – vom Badekarren zum FKK-Strand
5. Eine Rundfahrt durch Rügen

Tour 1

Imposant: die Schaufassade des Stralsunder Rathauses

Auf den Spuren der Hanse (C 6–K5)

Eine Fahrt zu vier alten Ostseestädten

Der Einfluss der Hanse, des mächtigsten Städtebündnisses des Mittelalters, war groß. Etwa 180 Städte haben in 400 Jahren Hansegeschichte dem Bündnis angehört. Vier Städte an der Ostseeküste des heutigen Bundeslandes Mecklenburg-Vorpommern zählten zu seinen wichtigsten Mitgliedern: Wismar, Rostock, Stralsund und Greifswald.

Nach dem Ende der DDR besannen sich die vier Städte an der Ostseeküste ihrer reichen Vergangenheit, seitdem nennen sie sich offiziell Hansestädte. Zwei von ihnen, Wismar und Rostock, waren bereits 1259 dabei, als man besiegelte, im Kampf gegen Seeräuber zusammenzustehen. Das war der Anfang der Hanse, 1283 schlossen sich Stralsund und Greifswald dem Bündnis an. Die Blütezeit begann, die Hansestädte dehnten sich aus, Backsteinbauten wuchsen in die Höhe.

Von Wismar nach Rostock

In **Wismar** (s. S. 96ff.) zeugt die Nikolaikirche mit dem 37 m hohen Mittelschiff, einem der höchsten in Deutschland, vom Wohlstand der Bürger. Durch das Wassertor erreicht man den Alten Hafen, in dem Traditionsschiffe mit ihren braunen und weißen Segeln ein wenig Atmosphäre der Hansezeit verbreiten. Insgesamt 70 Hansetage fanden in Wismar statt, deren Altstadt die UNESCO 2002 in die Welterbeliste aufgenommen hat. Denn Wismar hat seine mittelalterliche Grundrissstruktur und einen großen Reichtum originaler Bausubstanz aus dem Mittelalter und den folgenden Perioden weitestgehend bewahren können.

Hanseatisches Flair strahlt auch **Rostock** (s. S. 81ff.) aus, wenn sich zum maritimen Großereignis Hanse-Sail jedes Jahr im August bis zu 300 Schiffe im Stadthafen drängen (s. S. 20). Das größte und bedeutendste Schifffahrtsmuseum an der Ostseeküste, im Traditionsschiff am Ufer des Breitling untergebracht, zeigt auch eine der Hansezeit gewidmete Ausstellung (s. S. 81). Der damalige Reichtum der Rostocker Kaufleute ist an zahlreichen Bauten ablesbar, so am 117 m hohen Turm der Petrikirche, der Jahrhunderte als die wichtigste Landmarke im gesamten Ostseeraum galt und auf allen Seekarten verzeichnet war. Beeindruckend ebenfalls das 47 m hohe Kröpeliner Stadttor, ein Meisterwerk der Backsteingotik. Schätze der damaligen Zeit sind auch in den Gotteshäusern zu sehen. Der Marienteppich gehört dazu, in

Norddeutschland der größte aus dem Mittelalter erhaltene seiner Art, der seit 1994 in der Marienkirche bewundert werden kann. Die erste Universität im Ostseeraum wurde 1419 in Rostock gegründet. Vor allem aus anderen Hansestädten kamen die Studenten. Das Hauptgebäude am Universitätsplatz stammt jedoch aus dem 19. Jh.

In Stralsund

Stralsund (s. S. 89ff.) ist in der hanseatischen Geschichte mit einem bedeutenden Datum verbunden: Am 24. Mai 1370 musste Dänemarks König Waldemar IV. seine Vorherrschaft über die Ostsee aufgeben. Der Vertrag ist als ›Stralsunder Friede‹ bekannt geworden, unterzeichnet wurde er im Rathaus. Zu dieser Zeit bestimmte Bertram Wulflam als Bürgermeister die Stadtgeschicke. Als erster Mann der reichen Stadt konnte er sich ein prachtvolles Wohnhaus am Alten Markt leisten, heute das älteste spätgotische Wohnhaus Stralsunds.

Die Altstadt mit über 500 denkmalgeschützten Bauwerken, seit 2002 UNESCO-Welterbe, besitzt eine einmalige, seit dem 13. Jh. unveränderte Insellage zwischen dem Strelasund und den bald nach der Stadtgründung aufgestauten Teichen, die den mittelalterlichen Stadtkörper betont. Die imposante Schaufassade des Rathauses, die oft als die schönste Norddeutschlands bezeichnet wird, gehört mit den gotischen Backsteinbauten Marien-, Nikolai- und Jakobikirche zu den Sehenswürdigkeiten der Hansestadt. Bis zu 300 Schiffe fuhren seinerzeit mit der Flagge der Stadt am Strelasund über die Weltmeere.

Nach Greifswald

Das Ziegelrot der Backsteine bestimmt ebenfalls die City von **Greifswald** (s. S. 61ff.), aus der die Türme der mittelalterlichen Marien- und Jakobikirche sowie der des Nikolaidoms herausragen. Die Bauten verkörpern hanseatisches Kalkül, sie bringen Größe und Würde mit schlichter Schönheit zum Ausdruck. Sie zeigen uns heute, was unter vornehmer norddeutscher Zurückhaltung zu verstehen ist. Am Markt von Greifswald stehen noch zwei gotische Giebelhäuser aus der Hansezeit, beide wurden um 1450 erbaut. Um große Teile der Altstadt führt der mit Bäumen bewachsene Festungswall aus dem 13. Jh., der heute als Promenade genutzt wird.

Der letzte Hansetag fand 1669 in Lübeck statt, von den mecklenburgischen und vorpommerschen Städten nahm nur noch Rostock teil.

Tour-Info

Länge: Die Tour entlang der Ostseeküste hat eine Länge von etwa 180 km. Wer es eilig hat, benutzt die 2005 fertig gestellte neue Ostseeküstenautobahn. Alle Städte an einem Tag zu besuchen, dürfte strapaziös werden, eine Übernachtung ist daher empfehlenswert.
Die **Tourist-Informationen** der vier Städte liegen zentral in der City, **Hotels** zum Übernachten stehen in allen Preiskategorien zur Verfügung, auch **Restaurants** sind reichlich vorhanden.
Öffnungszeiten: Die beeindruckenden Backsteinkirchen haben tagsüber fast immer geöffnet. Wer tiefer in die Geschichte der Hanse eindringen möchte, sollte die Stadtmuseen besuchen.

Tour 2

Ausflug in die Geschichte: das Freilichtmuseum Klockenhagen

Klöster, Schlösser und Katen östlich von Rostock (F 5–G 4)

Von der Hansestadt nach Poppendorf

Eindrucksvolle Klöster sowie stattliche Schlösser und Herrenhäuser gehören zum kulturhistorischen Erbe an der Ostseeküste; aber auch Katen, die mit Schilfrohr gedeckten, meist kleinen Häuser, in denen die bäuerlichen Untertanen wohnten.

Sagenumwoben ist in **Rostock** (s. S. 81ff.) das Kloster zum Heiligen Kreuz. Dänemarks Königin Margarete hat es 1270 gestiftet, aus Dankbarkeit, weil Rostocker Fischer sie aus stürmischer See gerettet haben. So erzählt es die Legende. Auf einem 9 m breiten Bild im östlichen Kreuzgang ist die Herrscherin dargestellt. Wenige Schritte entfernt, am Universitätsplatz, leuchtet in Weiß das 250 Jahre alte Herzogspalais. In dem barocken Gebäude residierten die Schweriner Herzöge, wenn sie ihren östlichen Landesteil besuchten.

Zu DDR-Zeiten waren viele der Schlösser und Herrenhäuser verfallen. Einen trostlosen Anblick bot auch das um 1690 errichtete Herrenhaus in **Poppendorf** (F 5), das etwa 100 Jahre später klassizistisch überarbeitet wurde. Nach der deutschen Einheit erhielten viele dieser Bauwerke neue Besitzer, die die Kleinode oftmals mit hohen finanziellen Aufwendungen schmuck herrichteten. Auch das klassizistische gelb und weiß getünchte Herrenhaus in Poppendorf präsentiert sich wieder glanzvoll, heute als Musenhof, in den zu Konzerten, Vorträgen und Ausstellungen geladen wird. Zum Gutshaus gehört der Marstall, heute ›Musenstall‹ genannt, dessen Baumeister der berühmte Carl Theodor Severin gewesen sein soll, der Baumeister von Heiligendamm. Poppendorf ist so schön geworden, dass es 2003 Außenstandort der Internationalen Gartenbauaustellung (iga) in Rostock war.

Im Märchenschloss Gelbensande

Viel Arbeit dagegen wartet noch im Schloss in **Gelbensande** (s. S. 78), das sich wenige hundert Meter neben der B 105 im Wald versteckt. Geschichte und Geschichten hält dieses Märchenschloss bereit: Die mecklenburgischen und die russischen Herrscher waren verwandtschaftlich verbunden, deshalb kamen wiederholt Mitglieder der Zarenfamilie aus St. Petersburg angereist, unter anderem Großfürst Michail Nikolajewitsch. Der Zar zeigte sich spendabel, er finanzierte das im damals modernen englischen Landhausstil errichtete Bauwerk mit, stellte dafür aber Bedingungen: So hatte der Zarenadler neben den mecklenburgischen Wappentieren Greif und Stier das Haus zu zieren. Anfang September 1904 ließ sich Kaiser Wilhelm II. nach Gelbensande fahren, um seinem ältesten Sohn und seiner zukünftigen Schwiegertochter, Prinzessin Cecilie, zur Verlobung zu gratulieren. 2000 Telegramme sollen im kleinen Dorfpostamt eingetroffen sein. Cecilie, die jüngste Tochter des mecklenburgischen Großherzogs, verbrachte viele Sommer in Gelbensande. Als sie Kronprinzessin von Preußen und des Deutschen Reichs geworden war, ordnete der Kaiser an, für Cecilie und seinen Sohn Wilhelm ein ähnliches Schloss zu errichten. So entstand Schloss Cecilienhof in Potsdam, durch das Potsdamer Abkommen nach dem Zweiten Weltkrieg weltberühmt geworden.

Die mecklenburgische Großherzogsfamilie bekam nach der Abdankung 1918 Wohnrecht auf Schloss Gelbensande zugesprochen, Ende 1944 hielt sie sich hier letztmalig auf. Im April 1945 sollen hinter dem Gemäuer Bevollmächtigte des SS-Chefs Himmler mit dem schwedischen Grafen Bernadotte vergeblich über einen Separatfrieden mit den Westmächten verhandelt haben. Nach 1945 diente das Schloss als Krankenhaus, Tbc-Heilstätte, Gemeindeverwaltung und Veteranenklub, nach der Einheit Deutschlands gab es Pläne für ein Spielcasino und ein Luxushotel. Heute ist Schloss Gelbensande ein für Besichtigungen offen stehendes Haus, in dem Ausstellungen zu sehen sind. Wenn zu Konzerten ins Kaminzimmer geladen wird, kommt jene Atmosphäre auf, die eine Vorstellung von der Zeit gibt, als in diesem Raum Prinzessin Cecilie musizierte.

Über Klockenhagen nach Ribnitz-Damgarten

Ganz anders dagegen ging es in den Katen der Ärmsten zu, von denen mehrere im **Freilichtmuseum Klockenhagen** (s. S. 78) zu besichtigen sind. Während die einen in ihren Schlössern vor dem Kamin saßen, wurden die anderen in ihren Hütten vom Rauch umnebelt. Viele Katen besaßen keinen Schornstein, der Rauch entwich durch Fenster und Türen ins Freie. Er trocknete Hafer und Gerste, vertrieb die Insekten und räucherte Würste und Fleisch. Die Häuser aus Lehm, Holz und Roggenstroh waren nicht so haltbar wie die steinernen Klöster und Schlösser, dennoch konnten etliche in unsere Zeit gerettet werden. Das älteste erhaltene wurde um 1800 in Stäbelow bei Rostock gebaut, seit einigen Jahren steht es im Freilichtmuseum Klockenhagen.

Im Rostocker Kloster, bei dem die Rundreise begann, lebten Zisterzienserinnen, in dem in **Ribnitz-Damgarten** (s. S. 79f.) Klarissinnen. Gegründet wurde der Orden von der 1253 verstorbenen hl. Klara. In der Klosterkirche ist die Ordensgründerin im Gewand der Klarissinnen anzutreffen – als 1,10 m große, im 14. Jh. geschnitzte Eichenholzplastik.

Tour-Info

Länge: Die Tour ist ca. 50 km lang und mit dem Pkw an einem Tag zurückzulegen.
Die **Tourist-Informationen** in Rostock (s. S. 83) und Ribnitz-Damgarten (s. S. 79) sind mit Detailinformationen behilflich.
Restaurants sind überall vorhanden, so dass keine Lunch-Pakete mitgenommen werden müssen.

Tour 3

Einsam thront der Leuchtturm Darßer Ort in den Dünen

Im Nationalpark Vorpommersche Boddenlandschaft (G 3–J2)

Natur pur auf der Halbinsel Fischland-Darß-Zingst

Sturm und Eis modellieren unablässig die Küstenlinien. So verschmolz die Natur die drei Inseln Fischland, Darß und Zingst zu einer Halbinsel. Damit die teilweise noch unberührte Landschaft erhalten bleibt, wurden große Teile der Halbinsel in den Nationalpark Vorpommersche Boddenlandschaft einbezogen. Westlich von Ahrenshoop (s. S. 40ff.), noch außerhalb des Nationalparks, ragt das Althäger Kliff fast 18 m auf. Jahr für Jahr holt sich hier die Ostsee mehr als einen halben Meter Sand vom Fischland, um ihn am Darßer Ort anzulanden. Die Nordspitze des Darß schiebt sich unablässig ins Meer hinaus, in den vergangenen 300 Jahren um etwa 2500 m.

Wanderung zum Darßer Ort

Wer mit dem Auto unterwegs ist, stellt es auf dem Parkplatz Bernsteinweg in **Prerow** (s. S. 74ff.) ab und wandert von hier zum Darßer Ort. Der Rundwanderweg führt zunächst zur Aussichtsplattform am **Ottosee,** von dem sich ein interessanter Blick auf die Bernsteininsel bietet, die vor Jahren mit der Spitze des Darßer Ortes zusammengewachsen ist. Durch das Dünengebiet, eines der größten Anlandungsgebiete in Europa, führt ein 1,8 km langer Bohlensteg. 1957 waren große Teile der urwüchsigen Darßlandschaft zum Naturschutzgebiet erklärt worden, dennoch baggerte die DDR-Armee nördlich des Ottosees einen Hafen und baute für hochrangige Militärs Ferienbungalows.

Weitergewandert wird zum Leuchtturm, der fast 30 Jahre für die Öffentlichkeit tabu war, denn er lag in militärischem Sperrgebiet. Bereits seit 1849 schickt das Backsteingemäuer alle 22 Sekunden seinen Lichtstrahl über das Meer, bis zu 20 Seemeilen ist er zu sehen. Der **Leuchtturm Darßer Ort**, den bis 1978 ein Wärter bediente, ist der zweitälteste an der Küste von Mecklenburg-Vorpommern. 128 Stufen führen über eine gusseiserne Treppe zur gläsernen Kuppel in 33 m Höhe, von der der Blick weit über den Darß bis zu den Turmspitzen der Kirchen von Barth und Ribnitz-Damgarten reicht. Das Meeresmuseum Stralsund hat im einstigen Wärterhaus das **Natureum** Darßer Ort eingerichtet. Die Ausstellung informiert über den Naturraum und die Geschichte des Leuchtturms, im Aquarium sind Tiere zu sehen, die vor Darßer Ort leben (s. S. 74).

Darßer Ort gehört zu den Kernzonen des Nationalparks, in der die Menschen der Natur ihren Lauf lassen. Hier wachsen seltene Stranddisteln und Orchideen und über den Baumwipfeln ziehen Seeadler ihre Kreise. Auch der Fischotter fühlt sich in dieser Region wohl. Nach Prerow zurück führt der etwa 5 km lange Leuchtturmweg durch Dünenkiefernwald, den irgendwann die Buchen verdrängen werden.

Durch die Sundische Wiese nach Pramort

Der Nationalpark setzt sich östlich des Ostseebades **Zingst** (s. S. 101f.) fort, das – wie alle anderen Ortschaften auch – aus dem Schutzgebiet ausgeklammert wurde. Diese Region an der Ostspitze der Halbinsel ist einer der größten Kranichrastplätze in Europa. Mit dem Auto darf nur bis zum Parkplatz Sundische Wiese gefahren werden. Wer auf der Fahrt dorthin vom Auto aus Kraniche sieht, sollte nicht aussteigen. Die äußerst scheuen Kraniche sehen in Autos keine Gefahr, wohl aber im Menschen. Tagsüber sind Kraniche bei der Nahrungsaufnahme aus geringer Entfernung zu beobachten, im Herbst ist manchmal noch zu sehen, wie die Altvögel ihre Jungen mit Körnern füttern.

Bei **Pramort** (J 2) bietet eine große rohrgedeckte Beobachtungshütte einen weiten Blick auf die bis zu 13 m aufragende Hohe Düne. Der Blick geht ferner auf den Bodden mit den Inseln Großer Werder, Kleiner Werder und Bock, wo im Herbst die Natur mit grandiosen Bildern aufwartet, wenn sich Zehntausende von Kranichen vor ihrem Weiterflug in den Süden in diesem Flachwassergebiet niederlassen. Kilometerweit ist der trompetenhafte Ruf der Vögel zu vernehmen, wenn sie bei Sonnenuntergang ihre Schlafplätze ansteuern. Stehend verbringen sie die Nacht im flachen Wasser, bei hohem Wasserstand weichen sie auf die Inseln aus. Grelle Farben bei der Kleidung und auffälliges Verhalten von Besuchern ist zu vermeiden, um die Tiere nicht zu beunruhigen. Heben sie die Köpfe, dann ist es ein Zeichen für aufgekommene Unruhe. Zur gleichen Zeit wie die Kraniche kommen auch Zehntausende von Bläss- und Saatgänsen angeflogen.

Der Sandstrand in dieser abgelegenen Ecke reizt an warmen Sommertagen zum Ausruhen, doch er ist Brut- und Rastgebiet vieler Vogelarten und darf deshalb nicht betreten werden. Der Ostteil der Halbinsel Zingst gehört zur Schutzzone I des Nationalparks, in der striktes Wegegebot besteht, denn hier ist der Mensch Gast der Natur.

Tour-Info

Für diese etwa 30 km lange Tour nützt ein Auto wenig: **Darßer Ort,** von Prerow ca. 5 km entfernt, ist nur zu Fuß, mit dem Fahrrad oder der Kutsche erreichbar. Nach **Pramort** führt von Zingst aus eine befestigte Straße, auf den ersten Kilometern dürfen auch Pkw fahren, die auf einem Parkplatz abzustellen sind. Die weitere Strecke (ca. 8 km) ist dann zu Fuß, per Fahrrad – sie können am Parkplatz gemietet werden – oder mit der Pferdekutsche zurückzulegen.

Verpflegung: Das Museumscafé im Natureum bietet Snacks und kleine Gerichte an.

Tipp für Vogelfreunde: Für die Kranichbeobachtung im Frühjahr bzw. Herbst sollte ein starkes Fernglas mitgenommen werden.

Tour 4

Badekarren: »Kleine Kabinette, auf Wagen in die See gerollt«

Eine Fahrt zur Wiege des Badelebens (E 5–B 6)

Vom Badekarren zum FKK-Strand

Tausende hüpfen heutzutage splitternackt vom Strand ins kühle Nass, jedes Ostseebad hat seinen FKK-Bereich. Außerhalb der Ortsbereiche sind die Nackedeis oftmals völlig unter sich. Was würde wohl Mecklenburgs Herzog Friedrich Franz zu diesen lockeren Badesitten sagen? Der Herzog ist als Gründer des ersten Ostseebades Deutschlands in die Geschichte eingegangen. Ein 220 t schwerer Findling nahe der Seebrücke in Heiligendamm erinnert an das denkwürdige Ereignis im Jahre 1793.

Bad Doberan und sein Seebad Heiligendamm

Die Tour beginnt in **Bad Doberan,** der Wiege des Ostsee-Badelebens (s. S. 45ff.). Doberan war die Sommerresidenz des Mecklenburgischen Herzogshauses, das Großherzogliche Palais am Rande des Kamps zieren vier monumentale ionische Säulen. Im Haus Alexandrinenplatz 8 wohnte der Kronprinz. Vor 200 Jahren rumpelten im Sommer jeden Morgen Dutzende von Kutschen zum Strand des Heiligen Dammes. Doch in die kühle Ostsee stieg keiner der Gäste. Ein Schuppen diente als Badehaus, in dem Wannen mit erwärmtem Seewasser standen.

1803 tauchten in **Heiligendamm** (s. S. 45f.) Badekarren auf. Um sich fremden Blicken zu entziehen, begaben sich die Badenden nur im Schutze solcher Badekarren ins Wasser. Am Strand zeigten sich die Badenden nur vollständig begleitet. Erst zu Beginn des 20. Jh., als die »Freunde des Lichts« immer mehr Anhänger fanden, begannen die Menschen ihren Körper der Sonne auszusetzen. Wie die Badekarren aussahen, bekam Goethe 1828 in einem Brief von seinem Freund Zelter geschildert: Es sind »kleine Kabinette, auf Wagen in die See gerollt, zu denen man über Brücken gelangt. Es bleibt hier den Badenden überlassen, das Wasser unter der ausgespannten Markise oder außerhalb im offenen Bereich der See zu genießen.«

Nach Kühlungsborn und Rerik

Am 14. Juni 1883 war im »Allgemeinen Rostocker Anzeiger« zu lesen: »Badegästen empfiehlt Strandstühle als Schutz gegen Sonne und Wind...«. Die Anzeige aufgegeben hatte der Rostocker Hofkorbmachermeister Wilhelm

Bartelmann. Der ›aufrecht stehende Wäschekorb‹ wurde anfangs belächelt, setzte sich aber rasch durch. Bereits ein Jahr später eröffnete Frau Bartelmann in Warnemünde den ersten Strandkorbverleih an der Ostseeküste. Das Appartementhaus ›Zum Strandkorb‹ in der Hermannstraße 11 in **Kühlungsborn** (s. S. 70ff.) gehört dem Urenkel des Strandkorberfinders. Dort steht einer dieser ›Wäschekörbe‹, so nachgebaut, dass der Hofkorbmachermeister glauben würde, er sei in seiner Werkstatt gefertigt worden. Der heute gebräuchliche Liegekorb wurde erstmals 1897 von Johann Falck gebaut, einst Geselle in der Werkstatt von Wilhelm Bartelmann.

Der nächste Badeort in Richtung Westen ist **Rerik** (s. S. 78). Dort, wo sich heute die neue Seebrücke ins Meer schiebt, wurden im 19. Jh. die Badekarren an den Strand gerollt. Die Reriker (die bis 1938 Alt-Garzer waren) vermochten sich lange Zeit nicht davon zu trennen, den letzten Badekarren verkauften sie 1903 für 3 Mark. Und das auch nur, weil er altersschwach war. Einen Blick in die Vergangenheit bietet das Reriker Heimatmuseum. Vor dem Museum steht ein nachgebauter Badekarren aus der Zeit um 1850.

Nach den Badekarren kamen die Badeanstalten mit getrennten Badebereichen für Damen und Herren, hohe Bretterwände machten jeden Blick zum anderen Geschlecht unmöglich. Kopfzerbrechen bereitete, wie mit den kleinen Jungen zu verfahren sei. Durften sie mit der Mutter im Damenbad plantschen? Der Wismarer Pastor Johann Joachim Hartwig Meyer meinte: »... bis zu einem Alter, in welchem sich ihre Ansichten von denen der kleinen Mädchen nicht unterscheiden«, sei das vertretbar.

Erst Anfang des 20. Jh. lockerten sich die moralischen Ansichten, das Familienbad entstand. Manch einer ›lieh‹ sich das Kind einer Fischerfamilie. So durfte man ins Familienbad und konnte den Frauen ungeniert beim Baden zuschauen. Reglementierungen blieben lange Zeit bestehen: Noch 1910 hieß es vielerorts: »Das Baden in der Ostsee außerhalb der Badeanstalten und polizeilich zugelassenen Badestellen ist ... untersagt. Sonnenbäder am Strande und in den Dünen sind nur in den hierzu bestimmten umfriedeten Räumen zulässig.«

Zum Ostseebad Boltenhagen

Vorbei an der Insel Poel geht es nach **Boltenhagen** (s. S. 54f.). 1803 wurde hier für die Familie von Bothmer der erste Badekarren in das seicht abfallende Wasser gerollt. Boltenhagen ist deshalb nach Heiligendamm das zweitälteste Ostseebad Mecklenburg-Vorpommerns. Von ihrem Schloss in Klütz brauchten die Bothmers mit der Kutsche bis Boltenhagen keine 20 Minuten. Dort, vor dem Hotel Hansehof an der Mittelpromenade, steht ein originalgetreu nachgebauter Badekarren.

Mit den Badesitten haben sich auch die Strandschilder verändert. ›Damenbad‹, ›Herrenbad‹ oder ›Nur für Dienstboten‹ wurden gegen ›FKK-Strand‹, ›Textilstrand‹ und ›Hundestrand‹ eingetauscht. Ohne reglementierende Schilder geht es eben nicht einmal dort, wo die grenzenlose Weite der See beginnt.

Tour-Info

Länge: Etwa 100 km sind mit dem Auto zurückzulegen. Um unterwegs genügend Zeit zum Umschauen zu haben, sollte ein ganzer Tag eingeplant werden.

Tour 5

Eines der Highlights auf Rügen: Kap Arkona mit seinen Leuchttürmen

Eine Rundfahrt durch Rügen (K/L 1–3)

Rügen, Deutschlands größte Insel, hat einen enormen Bekanntheitsgrad. Zum einen, weil die Insel fast alles bietet, was die Natur an Schönheiten geschaffen hat: Sandstrände und Steilküsten, Wieken und Bodden. Zum anderen, weil Rügen auch ein Mekka für Geschichts-, Architektur- und Technikinteressierte ist. Zu einigen der vielen Insel-Highlights führt diese Rügen-Tour.

Von Putbus nach Lauterbach

Putbus (s. S. 76f.) gilt als die letzte planmäßig angelegte Residenz im norddeutschen Raum, 1808 begannen die Bauarbeiten. Zentrum der Stadt ist noch heute der kreisrunde, ›Circus‹ genannte Platz, dessen Grün Wege strahlenförmig zerschneiden. Am Alten Markt hat sich das Theater mit der Fürstenloge erhalten, in dem sich 1821 zum ersten Mal der Vorhang hob. Im nahen Schlosspark stehen Orangerie (Ausstellungen), Affenhaus (Puppen- und Spielzeugmuseum), Marstall (Konzerte), Mausoleum, Rosen-Café (Restaurant) und Christuskirche. Nicht mehr vorhanden ist seit den 1960er Jahren das Schloss, an das nur noch Teile der Terrasse beim Schwanenteich erinnern. Wenige Kilometer entfernt, am Strand von **Lauterbach** (L 3), ließ Fürst Wilhelm Malte I. 1818 das klassizistische Badehaus Goor mit einer imponierenden Säulenkolonnade erbauen, das seit der Einheit leer steht und auf eine neue Nutzung wartet. Der Carrara-Marmor wurde aus Italien herangeschafft.

Zum Jagdschloss Granitz

In späteren Jahren brachte der Fürst seine Gäste im **Jagdschloss Granitz** (s. S. 53f.) unter, einem Vierflügelbau aus verputztem Backstein. Den Rundturm setzte der preußische Star-Architekt Karl Friedrich Schinkel nachträglich in den Innenhof. Das heute museal genutzte Jagdschloss ist auch mit dem **›Rasenden Roland‹** zu erreichen, einer Schmalspurbahn, die zwischen Putbus und Göhren dampft. Mehrmals täglich und das das ganze Jahr über, denn der ›Rasende Roland‹ ist keine Museumsbahn. Im Sommer drängen sich viele auf den Perrons, um mit Videokamera und Fotoapparat die Landschaftsbilder festzuhalten, im Winter sind die Wagen besonders beliebt, in denen noch Kanonenöfen stehen, die der Schaffner mit Kohle befeuert.

Zu den Ostseebädern

Erstmals hielt ein Zug 1899 im Bahnhof von **Göhren** (s. S. 58f.), das sich in jenen Jahren vom einsamen Fischerdorf zum Seebad wandelte. Hotels, Pensionen und Restaurants entstanden, kein Haus in Göhren und den Nachbar-Seebädern **Baabe** (s. S. 43f.), **Sellin** (s. S. 86f.) und **Binz** (s. S. 51ff.) gleicht dem anderen. Bäderarchitektur wird das Sammelsurium der Baustile genannt. Wunderschön schaut in Binz seit 2002 wieder das Kurhaus aus, das ein wenig englisches Flair à la Brighton ausstrahlt. In den 20er und 30er Jahren des 20. Jh. war es der Treffpunkt der Schickeria und das ist es seit der Wiedereröffnung auch wieder. In Sellin bilden seit 1998 die nach historischem Vorbild errichteten Aufbauten der Seebrücke den Anziehungspunkt, in die Restaurants gezogen sind.

Auf der Weiterfahrt zum Kap Arkona wird **Prora** (s. S. 54) passiert, der 4,5 km lange Torso einer Bettenburg, die das größte Urlauberzentrum der Welt werden sollte. 20 000 Betten hatten die Nazis geplant, ferner ein Festspielhaus. Die Anlage ist nicht fertig geworden. Nach dem Zweiten Weltkrieg wurde das Areal militärisch genutzt. Die Diskussionen, was damit geschehen soll, nehmen kein Ende. »Weg damit«, fordern nicht wenige, aber wer den Abriss finanziell tragen soll, bleibt ungesagt. Nach 1945 versuchte man einige Wohnkomplexe zu sprengen – ergebnislos. Die Bauherren hatten die Lebensdauer ihrer Bauten auf 1000 Jahre berechnet! Seit Jahren nutzen nun einige interessante Museen und eine Disko den Betonklotz.

Über Kap Arkona nach Bergen

Kap Arkona (s. S. 68f.) wurde nach dem Ende der DDR, als die Grenztruppen das Terrain geräumt hatten, zu Rügens Ausflugsziel Nr. 1. Tausende steigen jährlich auf den vierkantigen Leuchtturm, den Karl Friedrich Schinkel entworfen hat. Am 1. Januar 1828 wies das Leuchtfeuer Schiffen erstmals den Weg. Vom Schinkelturm, dem noch in Funktion befindlichen runden Leuchtturm, sowie vom Marinepeilturm nahe des slawischen Burgwalls lassen sich gut die nächsten Reiseziele abstecken, zu denen **Schloss Spyker** (L 2) gehören sollte. In dem Renaissancebau wurde 1676 der legendäre schwedische Feldmarschall Carl Gustav von Wrangel umgebracht.

Der Ernst-Moritz-Arndt-Turm bei **Bergen** (s. S. 50f.) bietet sich für einen Abschiedsblick an. Der Turm wurde aus Spenden des Volkes finanziert, sogar Kaiser Wilhelm I. stiftete tausend Taler. Arndt, Rügens größter Sohn, war 1769 in **Groß Schoritz** (K 3) zur Welt gekommen.

Tour-Info

Länge: Für die 140 km lange Tour ist mindestens ein ganzer Tag einzuplanen.
Das **Jagdschloss Granitz** und **Kap Arkona** sind nicht mit dem Auto zu erreichen, der muss auf einem bewachten Parkplatz abgestellt werden. Von dem gelangt man per Fuß oder mit einer kleinen Minibahn zum Ziel.
Achtung: Typisch für Rügen sind die Alleen, die mit ihren wechselnden Lichtverhältnissen eine Gefahrenquelle bilden. Deshalb wird empfohlen, auf Rügen mit Licht zu fahren.
Tipp: Wer diese Tour zwischen Ende Juni und Anfang September unternimmt, dem sei ein Besuch der Störtebeker-Festspiele in Ralswiek empfohlen (s. S. 19).

Register

Fotonachweis:
Titelbild: Strandleben auf Usedom
Vignette: Hausgiebel in Bansin
S. 36/37: Seebrücke in Ahlbeck
S. 106/107: Kreidefelsen im Nationalpark Jasmund

Ralf Freyer, Freiburg S. 14
Thomas Härtrich/transit, Leipzig S. 24
Angelika Heim/transit, Leipzig S. 41
Ottmar Heinze, Hamburg S. 8, 45, 53, 108, 110, 112, 116, Umschlagrückseite (unten)
Peter Hirth/transit, Leipzig S. 98/99
Martin Kirchner/laif, Köln S. 1, 9, 12, 39, 66/67, 76/77, 87, 90
René Legrand/transit, Leipzig S. 2/3, 22, 48/49, 58, 71, 80, 104/105, Umschlagrückseite (oben)
Gerd P. Müller/laif, Köln S. 94/95
Ralf Roland, Berlin S. 106/107, 114
Thomas Stankiewicz, München S. 63
Konrad Wothe /Look, München Titelbild
Fulvio Zanettini/laif, Köln S. 6/7, 18, 28, 36/37

Kartografie: DuMont Reisekartografie, Puchheim

DuMont Reiseverlag, Postfach 3151, 73151 Ostfildern
E-Mail: info@dumontreise.de, Internet: www.dumontreise.de

2., aktualisierte Auflage 2006

Grafisches Konzept: Groschwitz, Hamburg
Druck: Rasch, Bramsche
Buchbinderische Verarbeitung: Bramscher Buchbinder Betriebe